中国新能源汽车市场化发展对策研究报告

组　编	中国汽车工业协会
主　编	叶盛基
副主编	庞天舒　邹　朋　李　尧
参　编	夏国强　夏顺礼　吴　炜　刘晓蕾　李　罡　段心林
	国　桐　董国雄　张先华　高　军　孟祥峰　赵久志
	倪绍勇　高　雷　李文兵　汪晓健　杨云峰　徐平兴
	李　玲　黄志诚　付立鼎　李文杰　李　康　阳　斌
	谢龙江　胡小安　张　郎　张宸维　卢　凯　任媛媛
	刘元春　曾　伟　朱勇长　任志强　周　敏　唐少俊
	周　莹　杨章玉　谯　凯　张　琪　刘艳兵　魏　丹
	杨武双　赵云峰　包林麟　毛宗龙　李　健　云晓明
	张　雷　刘　沕　刘疏月　陈　灏　李奇威　赵红全
	李云飞　黄　靖　刘友文　李　强　张林松　王天辉
	傅福美　谢雪峰　陈顺东　丁传记　秦志东　崔　凯
	梁兆文　庞　博　于　丰　路文刚　陈旱雨　刘　岩
	孙　勇　穆志红　黄　艇　罗逢春

机械工业出版社

《中国新能源汽车市场化发展对策研究报告》分为总报告和子报告两部分。总报告综合描述了我国新能源乘用车、客车、货车,以及燃料电池汽车的发展情况,重点阐述了新能源汽车产业发展现状及趋势,剖析了我国新能源汽车产业发展存在的问题及面临的挑战,并提出了对策建议。子报告作为总报告支撑,包括新能源汽车整车市场发展与对策研究、供应链及关键零部件发展与对策研究、智能化发展与对策研究、基础设施建设发展与对策研究、循环经济发展与对策研究,以及产业管理、成本与产品使用发展与对策研究等专题报告。

本书对新能源汽车及其上下游供应链产业相关单位、政府各级管理部门、行业服务机构、企业具有参考价值,也可供汽车行业相关人员及大专院校师生阅读。

图书在版编目(CIP)数据

中国新能源汽车市场化发展对策研究报告 / 中国汽车工业协会组编;叶盛基主编. —北京:机械工业出版社,2021.11
ISBN 978-7-111-69667-4

Ⅰ. ①中… Ⅱ. ①中… ②叶… Ⅲ. ①新能源-汽车-国内市场-研究报告-中国 Ⅳ. ①F724.76

中国版本图书馆 CIP 数据核字(2021)第 244838 号

机械工业出版社(北京市百万庄大街22号 邮政编码100037)
策划编辑:母云红　　　　　责任编辑:母云红　孟　阳
责任校对:王　欣　王明欣　封面设计:马精明
责任印制:郜　敏
北京汇林印务有限公司印刷
2022年1月第1版·第1次印刷
169mm×239mm·15.75 印张·230 千字
标准书号:ISBN 978-7-111-69667-4
定价:159.00元

电话服务　　　　　　　　　　网络服务
客服电话:010-88361066　　　机 工 官 网:www.cmpbook.com
　　　　　010-88379833　　　机 工 官 博:weibo.com/cmp1952
　　　　　010-68326294　　　金 书 网:www.golden-book.com
封底无防伪标均为盗版　　　　　机工教育服务网:www.cmpedu.com

中国新能源汽车市场化发展对策研究课题组组成单位

指 导 单 位 工业和信息化部装备工业一司

组 长 单 位 中国汽车工业协会

副组长单位 北京汽车集团有限公司
重庆长安汽车股份有限公司
安徽江淮汽车集团股份有限公司

主 要 单 位 上海汽车集团股份有限公司
东风汽车集团有限公司
广州汽车集团股份有限公司
浙江吉利控股集团有限公司
奇瑞控股集团有限公司
中国汽车工程研究院股份有限公司
北京福田汽车股份有限公司
合肥国轩高科动力能源有限公司
上海重塑能源科技有限公司
安徽明天氢能科技股份有限公司

参 与 单 位 重庆长安新能源汽车科技有限公司
奇瑞新能源汽车股份有限公司
北京新能源汽车股份有限公司
广汽埃安新能源汽车有限公司
威马汽车科技集团有限公司
厦门金龙汽车集团股份有限公司

中通客车股份有限公司
庆铃汽车股份有限公司
北京福田智蓝新能源汽车科技有限公司
安徽安凯汽车股份有限公司
北京福田欧辉新能源汽车有限公司
宁德时代新能源科技股份有限公司
国家电网有限公司
华为技术有限公司
国际铜业协会
杭州优行科技有限公司
青岛特来电新能源科技有限公司
格林美股份有限公司
威睿电动汽车技术（宁波）有限公司
惠州市德赛西威汽车电子股份有限公司
中国汽车动力电池产业创新联盟
中国电动汽车充电基础设施促进联盟

（上述单位排名不分先后）

中国新能源汽车市场化发展对策研究报告编委会

主　任　付炳锋

副主任　叶盛基　廖振波　谭本宏　王德龙

委　员　王　耀　杨大勇　周　峰　沈浩明
　　　　　张青平　席忠民　戴松高　林　琦
　　　　　王朝云　徐兴无　吴文彬　范志先
　　　　　路文刚　马小利

新能源汽车经过多年发展，在产业化推广应用中取得了很好的成绩，但是在市场化进程中遇到了诸多困难和问题，尤其是在2020年初爆发新冠肺炎疫情后，新能源汽车的市场化推进遭遇了很大困难，面临更大的挑战。因此，中国汽车工业协会组织行业内主流企业、服务机构等成立了专项课题组，对新能源汽车市场化发展开展对策研究，集合行业力量、凝聚行业共识、汇聚行业智慧，共同为我国新能源汽车市场化发展建言献策。

课题成果输出分为总报告和子报告两部分。

总报告综合描述了我国新能源乘用车、客车、货车，以及燃料电池汽车的发展情况，重点阐述了新能源汽车产业发展现状及趋势，剖析了我国新能源汽车产业发展存在的问题及面临的挑战，并提出了一系列对策建议。

结合六个专题研究，形成了相应的子报告，包括新能源汽车整车市场发展与对策研究、新能源汽车供应链及关键零部件发展与对策研究、新能源汽车智能化发展与对策研究、新能源汽车基础设施建设发展与对策研究、新能源汽车循环经济发展与对策研究，以及新能源汽车产业管理、成本与产品使用发展与对策研究等专题报告，并作为总报告的支撑。

课题研究着力于剖析新能源汽车市场化发展过程中遇到的难题和痛点；针对新能源汽车市场化发展面临的问题

和困难进行对策研究，提出新能源汽车市场化推进和产业稳定、健康发展的综合建议。

课题研究基于我国新能源汽车市场化发展规划目标和导向，从产业、企业、产品、市场、政策等维度对新能源汽车市场化发展进行系统研究分析。

课题研究及报告的形成得到了工业和信息化部装备工业一司的指导，得到了行业主流企业、服务单位领导和专家的大力支持，在此一并表示诚挚的感谢！

如果《中国新能源汽车市场化发展对策研究报告》能对我国新能源汽车市场化发展有积极的推进作用，进而对促进我国新能源汽车持续健康发展具有借鉴和参考意义，我们将倍感欣慰。由于编者水平有限，书中难免有不足和缺失，敬请读者批评指正。

编　者

目录 Contents

前言

总报告一 新能源汽车市场化发展概述 / 002
  一、新能源汽车国际市场发展格局 / 002
  二、我国新能源汽车市场现状 / 006

总报告二 新能源汽车市场化发展面临的问题分析 / 007
  一、政策强干预不利于新能源汽车市场化发展 / 007
  二、运营车辆的电动化渗透率低 / 008
  三、消费市场认可度有待提高 / 008
  四、新能源汽车安全性有待提高 / 009
  五、消费应用环境仍需改善 / 009
  六、充电基础设施仍不完善 / 009
  七、产业链成本高，新能源整车企业经营压力大 / 009
  八、动力蓄电池评估与梯次利用不成熟 / 010

总报告三 新能源乘用车市场化发展对策 / 011
  一、降成本提升经济性，实现对燃油汽车全价位竞争 / 011
  二、发力新能源汽车市场，采用不同的市场化策略 / 011
  三、智能化、网联化赋能，扩大差异化优势 / 013

目 录

  四、完善售后服务体系，不断提升服务体验 / 013

  五、注重品牌建设，实现品牌质量双升级 / 014

  六、因地制宜制定发展不同类型汽车政策 / 014

  七、加大现行燃油汽车电动化支持力度 / 015

  八、给予车电分离商业模式创新支持 / 015

  九、建立新能源二手车产业链体系，构建动力
    蓄电池回收利用体系 / 016

  十、持续优化新能源汽车使用环境 / 018

  十一、加快企业补贴资金回款，缓解重点企业
     资金压力 / 019

总报告四 新能源客车市场化发展对策 / 020

  一、合理选择技术路线 / 020

  二、加强新能源客车产品核心技术研究 / 022

  三、联合多方资源开展商业模式创新 / 023

  四、修改现有购置补贴发放规则，减少企业
    资金占用 / 024

  五、政府补贴政策提前发布 / 025

  六、鼓励客运旅游团体车辆积极使用新能源
    车型 / 025

  七、加大充电桩等基础设施建设力度 / 025

  八、减免新能源公路客车道路通行费，降低
    用户使用成本 / 026

  九、推行路权倾斜、新购置新能源车辆比例等
    政策 / 026

  十、针对车电分离制定政策细则，打通运行
    障碍 / 026

  十一、健全行业标准规范体系 / 027

总报告五 新能源货车市场化发展对策 / 028

  一、以应用场景为核心进行车型创新研发 / 028

  二、开展商业模式创新 / 029

三、加强售后服务体系建设 / 030
　　四、进一步完善新能源货车推广政策 / 030
　　五、针对车电分离及换电模式制定政策细则 / 031
　　六、进一步健全行业标准规范体系 / 031

总报告六　燃料电池汽车发展对策 / 032
　　一、发展大功率燃料电池系统的氢燃料电池客车 / 032
　　二、发展大功率燃料电池系统的氢燃料电池物流车 / 033
　　三、发展重型货车领域是减排脱碳的重要替代方案 / 033

子报告

子报告一　新能源汽车整车市场发展与对策研究 / 036
　　一、制约我国新能源汽车市场化发展的问题分析 / 036
　　二、新能源汽车市场化发展技术路线相关问题对策研究 / 040
　　三、新能源汽车市场结构分析 / 049
　　四、新能源汽车各车型市场化发展对策研究 / 064
　　五、新能源汽车市场化商业模式创新对策研究 / 098

子报告二　新能源汽车供应链及关键零部件发展与对策研究 / 111
　　一、新能源汽车产业链供应链安全对策分析 / 111
　　二、新能源汽车市场化关键零部件发展对策研究 / 115

子报告三　新能源汽车智能化发展与对策研究 / 144
　　一、新能源汽车智能化发展面临的挑战与机遇 / 144
　　二、新能源汽车智能化发展产业链优劣势分析 / 149

　　　　三、新能源汽车智能化发展面临的关键问题 / 150

　　　　四、新能源汽车智能化发展对策分析 / 151

　　　　五、新能源汽车智能化发展建议 / 154

子报告四　新能源汽车基础设施建设发展与对策研究 / 156

　　　　一、充电基础设施产业发展现状 / 156

　　　　二、充电基础设施产业发展问题与挑战 / 160

　　　　三、充电基础设施产业发展解决方案及对策研究 / 169

子报告五　新能源汽车循环经济发展与对策研究 / 178

　　　　一、动力蓄电池回收利用产业发展现状及对策 / 178

　　　　二、新能源汽车全生命周期经济性分析研究 / 190

子报告六　新能源汽车产业管理、成本与产品使用发展与对策研究 / 209

　　　　一、新能源汽车市场化产业管理与政策发展 / 209

　　　　二、新能源汽车产品安全问题对策研究 / 217

　　　　三、新能源汽车市场化产业链成本综合分析和对策研究 / 223

　　　　四、新能源汽车市场化发展产品使用与服务对策研究 / 229

附录

　　　　附录A　我国现行的新能源汽车政策体系 / 235

　　　　附录B　我国动力蓄电池回收利用产业相关重点政策 / 237

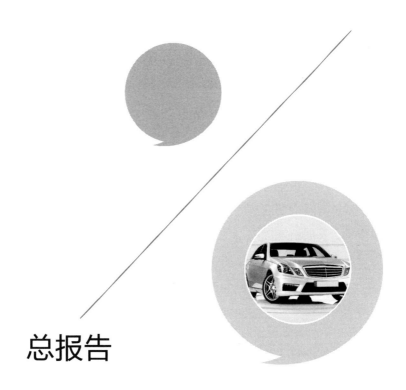

总报告

总报告一　新能源汽车市场化发展概述

总报告二　新能源汽车市场化发展面临的问题分析

总报告三　新能源乘用车市场化发展对策

总报告四　新能源客车市场化发展对策

总报告五　新能源货车市场化发展对策

总报告六　燃料电池汽车发展对策

总报告 一 / 新能源汽车市场化发展概述

新能源汽车（New Energy Vehicle，NEV）不仅是全球汽车产业转型升级的重要方向，也是应对能源危机、缓解环境污染的重要抓手。近年来，各国非常重视新能源汽车的发展，出台了相关推广政策，促进新能源汽车快速增长。发展新能源汽车已成为我国国家战略，现阶段，新能源汽车行业已进入由政策驱动向市场驱动转变的关键期，虽然我国新能源汽车在市场规模、核心技术、产业链布局、基础设施等方面具备一定优势，但也面临一些问题和困难。

一、新能源汽车国际市场发展格局

欧美日等国家和地区纷纷加速电动化转型，同时十分关注我国发展新能源汽车战略的前瞻性。欧美日通过顶层设计与车企自下而上推动电动化转型，各国在不同层面发布了新能源汽车发展目标，其中挪威最激进，丹麦、荷兰、葡萄牙、英、法等欧洲国家次之，日本、美国随后，详见表1-1-1。

表1-1-1 全球主要国家新能源汽车发展目标

国家	新能源汽车销量占比或累计销量	目标达成时间
中国	25%	2025年
日本	20%~30%	2030年
美国（加州）	15%	2025年

(续)

国家	新能源汽车销量占比或累计销量	目标达成时间
德国	累计700万辆	2030年
法国	100%	2040年
英国	100%	2040年
葡萄牙	100%	2040年
荷兰	100%	2030年
丹麦	100%	2030年
挪威	100%	2025年

注：数据根据公开信息整理。

2020年全球新能源汽车销量为284万辆，同比增长53.5%。技术路线以纯电动汽车（BEV）为主，纯电动汽车占据市场份额达69%左右，如图1-1-1所示。

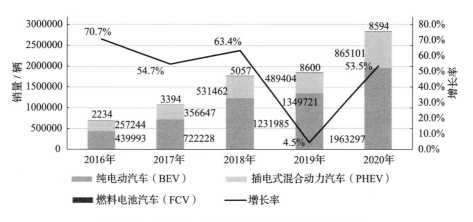

图1-1-1 2016—2020年全球新能源汽车销量趋势

注：根据中国汽车工业协会数据整理。

在欧洲，新能源汽车市场份额剧增，从2018年的21%提升到2020年的45.1%，市场份额反超我国；我国2020年市场份额为39.5%，先发优势在缩小，如图1-1-2所示。

欧洲市场2020年前三季度总计销量达128万辆，增长率达133%，其主要有三方面原因。从政策层看，欧盟各国均出台了非常严格的碳排放法

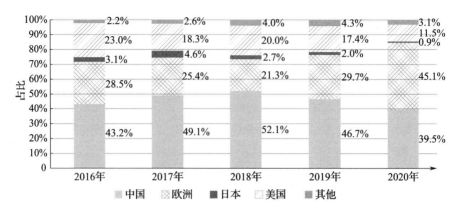

图1-1-2 主要国家或地区新能源汽车市场格局

注:根据中国汽车工业协会数据整理。

规;从国家层面看,欧盟各国提升了电动汽车财政和税收优惠。以德国为例,其分别于2020年2月、6月两次发布《环境奖金》文件,将纯电动汽车单车补贴从4000欧元提升至6000欧元,再从6000欧元提升至9000欧元。从车企层面看,欧洲主要车企电动化转型加速。以大众为例,其分别在2018年9月、2019年11月先后发布了ELECTRIC FOR ALL、2020—2024年投资规划等战略,开发了专为电动汽车设计的MEB平台,宣布到2029年纯电动汽车累计销量提升至2600万辆,电动化转型加速,如图1-1-3所示。

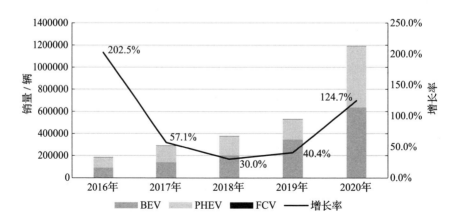

图1-1-3 2016—2020年欧洲乘用车市场销量趋势

注:根据中国汽车工业协会数据整理。

美国新能源乘用车2020年销量达32.4万辆,与2019年水平基本保持一致。美国新能源汽车市场推广以消费端税收抵扣、补贴,供给侧研发支持和低息贷款政策、新能源汽车的积分及积分交易制度两方面,促进新能源汽车市场发展,如图1-1-4所示。

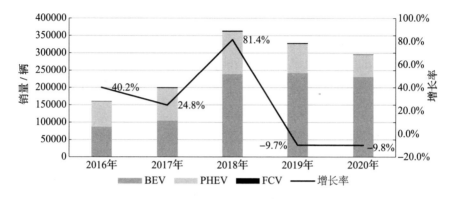

图1-1-4　2016—2020年美国乘用车市场销量趋势

注:根据中国汽车工业协会数据整理。

日本新能源汽车市场销量持续下滑,2020年销售2.5万辆。其主要原因是混合动力电动汽车(Hybrid Electric Vehicle,HEV)更受市场欢迎。日本国内资源匮乏,原油基本依赖进口,政府高度重视汽车工业节能减排,经过几十年的发展,节能汽车技术走在全球前列,2020年HEV车型占节能与新能源汽车总量达97%,如图1-1-5所示。

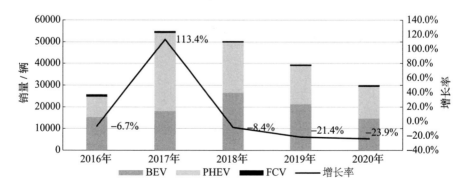

图1-1-5　2016—2020年日本乘用车市场销量趋势

注:根据中国汽车工业协会数据整理。

二、我国新能源汽车市场现状

经过多年努力，我国新能源汽车产业发展取得了显著成效，从 2009 年的产销量不足 500 辆增长到 2020 年的 136.7 万辆，一直位居全球新能源汽车产业前列。但我国新能源汽车目前仍处于政策驱动为主的阶段，政策依旧是影响汽车销量的主要因素，市场化程度依然很低。从 2009 年我国发布"十城千辆"试点工作以来，我国新能源汽车政策逐步放宽推广城市及车型范围，同时通过补贴推动市场、税收促进消费（2012 年免车船税、2014 年免购置税）、积分政策推动供给（2017 年）、充电等基础设施完善，放宽车牌、路权等相关政策驱动，我国新能源汽车占据一定的市场规模，每年市场销量快速增长；但随着 2019 年补贴政策大幅退坡（退坡幅度达 47%~60%），市场增长率逐步放缓，同年仅增长 2.5%，远低于过去平均增长水平，2020 年销量增长 10.9%，如图 1-1-6 所示。

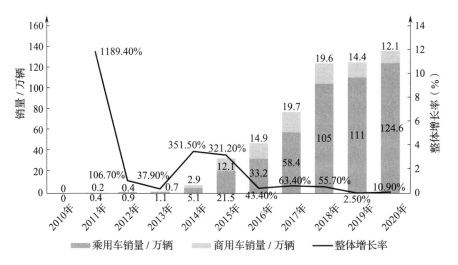

图 1-1-6　2010—2020 年我国新能源汽车销售总量趋势

注：根据中国汽车工业协会数据整理。

总报告

新能源汽车市场化发展面临的问题分析

一、政策强干预不利于新能源汽车市场化发展

在一系列补贴、优惠、推广政策促进下，新能源汽车市场从无到有，并随着新能源汽车政策调整，新能源汽车上下游企业不断洗牌，暴露出一系列问题，具体包括如下内容。

1. 政策技术标准迭代过快，产品质量难保障，企业资金成本高

为满足补贴政策技术标准，整车企业被迫缩短开发产品周期，致使新产品继承性差、验证不充分，产品质量难以保证，导致用户使用体验差及汽车安全事故频发。新产品快速迭代，不仅使整车企业投入产出严重失衡、亏损严重，还将风险传递给供应链企业，零部件供应商难以维持生计。

同时，新能源补贴政策更新带来技术指标升级，导致已进入推荐目录的新能源客车、货车大多不满足新政策技术标准，需要重新上公告，降低汽车公告利用率，导致整车厂每年额外投入大笔研发经费用于新产品的公告认证和试验验证，造成巨额资金浪费，增加企业资金压力。

2. 国补地补清算不及时，企业资金占用压力大

随着补贴政策调整，技术指标（续驶里程、电量、能量密度、能耗、节油率、功率比例等）和运营里程要求也发生调整。在政策调整期间，企业批量生产和销售新能源汽车，导致应收款和库存量增加，造成产业链上下游连锁反应，企业经营艰难。国补（即中央补贴）实行年初预拨年终清算，地补（即地方补贴）在国补到位后才能拨付，造成巨额应收款，给企

业带来巨大的资金压力。

3. 地方推广政策监管不严或缺失，影响新能源车型的推广

1）地方政府限行区域法规在执行时各区域力度不一。多数区域对限行执行宽松或有对应变通手段，出现"限而不管""限而不查"状态。部分区域仍存在对本地生产汽车的区域保护政策，在车辆生产、购置或区域限行方面给予倾斜政策，外地车辆很难进入相应市场。

2）进城路权管理政策混乱。各地方路权政策对新能源物流车进城吨位管理较为混乱，出现了"轻型新能源货车""4.5t 以下新能源货车""新能源货车"及"新能源物流车"等名词，不利于企业新产品开发。

3）国家和地方对新能源公路客车补贴政策缺失。新能源城市公交享有来自中央及各级地方政府的采购和运营补贴，基本能够很快弥补初始的购车支出中超过传统能源汽车的成本，但公路客车不享有运营补贴，导致新能源道路客运车型推广应用较差。

二、运营车辆的电动化渗透率低

目前，传统出租车运营燃油补贴全国单车平均 1 万元/年，出租车保有量共计 140 余万辆，国家财政年支出 140 亿元。部分地区在运费方面还有额外的燃油附加费，导致纯电动汽车在运营收益方面并无明显优势，制约了电动出租车的置换推广，已置换数量仅为 9.7 万辆，电动化率约 7%，整个存量出租车的电动化置换仍具有较大市场空间。

2020 年新冠肺炎疫情暴发后，消费者对网约车和出租车等共享出行工具表现出安全担忧，整体运营车辆出行需求大幅下降（降幅 50% 以上）；疫情缓解后，出行复苏迹象仍未显现，导致整体网约车运营公司难以维持生计，丧失购置新车的能力，至 2020 年 12 月底，我国网约车使用率降至 36.9%。

三、消费市场认可度有待提高

2020 年新能源汽车销量 136 万辆，市场渗透率仅为 5%。基于购置补贴、免车辆购置税、免纯电动汽车消费税，以及地方限行限购等综合政策

影响，选择新能源汽车的消费者占比超过85%。据统计，消费者普遍认为新能源汽车存在购置成本太高、存在里程焦虑问题、动力蓄电池环境耐受性较弱、充电时间过长且充电不方便、产品安全性差、二手车残值低等问题。此外，新能源汽车起火、自燃事故等时而发生，严重影响了消费者购买新能源汽车的信心。

四、新能源汽车安全性有待提高

新能源汽车安全问题的成因是复杂的，有内部因素，也有外部因素。从动力蓄电池本身来看，从材料的热稳定性及单体电池（又称电芯）的耐高压、耐过充的技术上进行突破，同时从系统集成方面重点实现系统的防止热扩散、单体电池制造引发的内部短路，目前这些问题难以完全避免。国家标准规定热扩散时间不得超过5min。

五、消费应用环境仍需改善

目前，新能源汽车应用存在诸多局限因素，导致其使用只能局限于特定场景及环境，如续驶里程不足、充电不便等因素，不能长途使用；北方冬天环境气温低，影响新能源汽车的普及。

六、充电基础设施仍不完善

截至2020年6月，据中国电动汽车充电基础设施促进联盟统计，公共类充电桩共有55.8万台，其中交流充电桩32.4万台、直流充电桩23.4万台、交直流一体充电桩488台，车桩比为7.5。公共充电基础设施建设较为集中的广东、上海、江苏、北京、山东、浙江、安徽、河北、湖北、福建（排名前10位）地区建设的公共充电基础设施占比达73.2%。

同时，存在充电桩利用率低、新能源汽车配套设施政策及落实不到位（如小区停车场安装充电桩难协调、公共停车位建设充电设备的比例低）等问题。

七、产业链成本高，新能源整车企业经营压力大

目前，动力蓄电池、电机、电控（俗称三电）合计成本平均为5万~

10万元,其中动力蓄电池成本为4万~8万元,三电成本占整车成本的比例为50%~60%;传统燃油汽车发动机和变速器的成本为1万~3万元,在整车成本中占比仅为15%~20%。而消费者能接受的油电汽车价格差距仅为15%左右。

从2019年6月26日起,政策补贴大幅退坡,新能源乘用车对私、对公市场补贴下降幅度平均分别高达68%和77%,为保持市场接受度,终端售价没有上涨,A级及以下汽车产品价格仍维持在消费者心理预期的5万~14万元价格区间,但动力蓄电池价格降幅仅为200元/(kW·h)左右,导致行业企业单车普遍亏损。

目前,货车主流车型为4.5t以下轻型货车和VAN车型。根据"卡车之家"报价数据分析,新能源货车首次购车成本为传统燃油货车的1.5~3倍;中型车主要为城市环卫车型,新能源货车的购车成本为传统燃油货车的4~5倍,客户一次性购买成本高。

从三电体系及其上游原材料到整车集成,整个汽车产业链较长。动力蓄电池、部分电子电器部件价格居高,导致整车综合成本难以下降。此外,产品的研发、生产、采购、销售等成本,以及产品准入检测验证成本等,也是整车成本的主要组成部分。

八、动力蓄电池评估与梯次利用不成熟

二手新能源汽车评估、动力蓄电池回收再利用等产业生态尚不完整,部分纯电动车型三年保值率仅为15%,二手交易活跃度较差。当前,电芯材料磷酸铁锂、三元523、三元811等多种体系并存,动力蓄电池封装方形、圆柱、软包等不同技术路线并存,动力蓄电池技术更新迭代过快,动力蓄电池性能评估、梯次利用均未完全成熟,进一步降低了新能源二手车交易活跃度。

随着新能源经济规模越来越大,新能源汽车不断进入二手车领域。二手车流通作为整个新能源汽车生命周期良性运转的重要一环,其相关评估、定价、动力蓄电池回收等周边产业亟待发展。目前,国内缺乏新能源汽车评估体系及管理法规,新能源汽车二手车评估及交易、动力蓄电池回收利用等产业标准尚未形成。

总报告

三 新能源乘用车市场化发展对策

一、降成本提升经济性，实现对燃油汽车全价位竞争

降低车辆成本是新能源汽车发展的长期命题。从本质上看，补贴退坡也是希望新能源汽车真正把成本降下来，达到能与燃油汽车平等竞争的水平。现阶段同等配置的电动汽车比燃油汽车成本高4万~6万元，而动力蓄电池占新能源汽车成本的30%以上，动力蓄电池降本是实现车辆降本的有效途径。

整车降本的途径一般是通过高度集成的产品开发、大批量销售等实现。动力蓄电池降本增效的路径一般包括：改变电芯材料，从根本上提高电芯的能量密度；优化动力蓄电池结构，轻量化和简易化改进，如宁德时代的CTP技术和比亚迪的刀片电池就是在现有材料体系基础上进行的系统集成和工艺改进，从而达到提升能量密度和降低成本的目的。

二、发力新能源汽车市场，采用不同的市场化策略

整车制造企业逐渐发力，逐渐形成以整车企业为主的产业分工协作体系。目前，新能源汽车产业正处于由政策驱动向市场驱动的转化期，各大车企积极调整发展战略，这些企业均发布了新能源汽车发展战略规划，部分提出全面电动化时间表。在技术路线上，国内整车企业主要以纯电动汽车和插电式混合动力汽车（Plug-in Hybrid Electric Vehicle，PHEV）为主，涵盖乘用车、客车、物流车等系列产品，见表1-3-1。

表1-3-1 主要整车企业新能源汽车规划布局

企业简称	发展规划	规划要点	产品布局
吉利	蓝色吉利行动	2020年产销180万辆（含混合动力），占总销量的90%以上	帝豪EV300、帝豪PHEV等
上汽	"新四化"战略	销量目标：2020年60万辆（自主品牌20万辆） 车型规划：30款车型	荣威E50、荣威ERX5、荣威e550等
长安	香格里拉计划	2025年全面停售传统意义上的燃油汽车，在新能源汽车领域投资1000亿元，推出21款全新纯电动汽车和12款插电式混合动力汽车产品	奔奔EV、逸动EV300、CS15EV、逸动PHEV等
北汽新能源	5615战略 双品牌战略	BJEV品牌和中高端极狐（ARCFOX）品牌 2022年计划总投资100亿元，全国100个城市建成3000座光储换电站，投放换电车辆50万辆，梯次储能电池利用超过5GW·h	EV150/160、EU220/240/400、EH300/400等
比亚迪	7+4战略	2020年，公共交通全面电动化；2025年，物流车全面电动化；2030年，私家车全面电动化	e6、腾势400、秦80、秦100、宋DM、唐80、唐100等
东风	"双轮驱动"战略	销量目标：2025年36万辆，市场份额18%；2030年100万辆，市场份额20% 车型规划：超过100款NEV	风神E70等
广汽	"十三五"规划	销量目标：2020年20万辆（自主与合资），占总销量约10% 车型规划：超过20款NEV	GE3、GS4 PHEV、GA3S PHEV等
特斯拉	—	上海超级工厂预计将有20万辆产能，未来将有扩建可能	Model 3

三、智能化、网联化赋能,扩大差异化优势

智能网联、人工智能等技术已取得长足进步,"智能化"成为汽车技术升级的重要方向。在完全自动驾驶场景下,智能汽车将成为移动的智能空间和场景生态服务体验终端。主流车企均把汽车的智能网联技术水平作为衡量品牌水平的标志,相继发布并实施了一系列规划。

新能源汽车的智能化配置有望扩大与燃油汽车的差异化优势。例如,上汽集团 2020 年成立软件中心——上汽零束,主要聚焦智能驾驶系统工程、软件架构、基础软件平台和数据工厂,包括面向服务的架构(Service-Oriented Architecture,SOA)软件平台、新一代中央集中式电子架构、云服务平台、算力芯片、汽车大数据平台、边缘人工智能应用、智能座舱系统、数据及网络安全等,赋能客户打造数据驱动的差异化智能驾驶极致体验和创新业务模式,致力于成为智能驾驶基础技术领域有竞争力的提供者和合作伙伴。长安汽车 2018 年 8 月发布"北斗天枢"智能化战略,在该战略的指引下,长安汽车将完成从传统汽车企业到智能出行科技公司的转型:2020 年将不再生产非网联新车,实现 100% 联网,100% 搭载驾驶辅助系统,2025 年实现 100% 语音控制,L4 级智能驾驶产品上市;"小安"(车内智能出行伴侣)可以自主驾车,自主寻找车位泊车,提供定制化、无缝连接的出行方案,给消费者带来全新的驾乘感受。

四、完善售后服务体系,不断提升服务体验

相较于传统燃油汽车,新能源汽车在售后服务和配件上有着极大的不同,传统燃油汽车维修技师在维修新能源汽车时也存在一定的障碍。售后服务对于车企而言,有着举足轻重的地位,当前各大车企基于自身品牌战略和特点制订了相匹配的售后服务策略。

新能源整车企业应采取更多措施和政策,创新服务模式,保证消费者可以享受到更优质的服务,以弥补他们在车辆使用中与传统燃油汽车的心理落差,并消除消费者对产品质量、安全的顾虑。

在售后服务体系中,建立产业链各环节在售后服务体系中的合作模

式，打造高效便捷的售后服务零部件供应链。创新性共建新能源汽车售后服务技术开放平台，校企合作培养建立新能源汽车行业专业化的售后服务人才体系。同时，考虑智能化水平，动力蓄电池技术迭代升级，对车辆全生命周期提供售后技术服务。

五、注重品牌建设，实现品牌质量双升级

近年来，随着国内汽车市场快速增长，自主品牌车企在市场需求和自身技术实力提升的情况下，逐步站稳脚并占据了一定的市场份额，2019年我国自主品牌市场占有率约40%，进步显著。在产品品质提升的同时，更应该注重品牌价值的提升。在新能源汽车领域，我国连续5年市场销量全球第一，给予自主品牌实现向上突破的历史机遇。

目前，自主品牌正在快速上升阶段。从高端车型发展方面来看，上汽推出全新的高端智能化品牌"L"，东风独立打造岚图，长安整合长安蔚来的平台实现独立向上突破，北汽与麦格纳合资推出极狐品牌，而一汽则选择与造车新势力合作。蔚来汽车、理想汽车异军突起，代表造车新势力的高端品牌。当下，消费者在新能源汽车的选择上，暂时没有体现出对传统豪华汽车品牌的偏好，这给予了我国车企打造高端新能源汽车品牌的机遇与窗口期。

建议企业注意品牌建设，以新能源汽车和智能网联汽车为突破口，以优化结构、着力创新、转型升级为总体思路，鼓励做大做强中国自主品牌，鼓励打造具有国际竞争力的汽车集团圈。

六、因地制宜制定发展不同类型汽车政策

锂离子动力蓄电池特有的物理特性决定了适宜的工作范围，超出此范围其性能就会下降或受损。锂离子动力蓄电池的最佳工作温度范围为20～30℃，低温时容量较低，充放电性能差；高温时循环寿命会缩短，过高温度工作甚至有爆炸等安全问题。温度过低，电池电解液的黏度就会提高，锂离子移动速度变慢，容量也会有损失。虽然可以对动力蓄电池组采用局部保暖措施，但会增加成本。因此，可以区分不同地理区域推广新能源

汽车。

我国北方地区主要是温带大陆性气候和温带季风气候，冬季气温低于0℃，夏季气温高于20℃，四季气温变化分明。增程式电动汽车（Range Extended Electric Vehicle，REEV）既可以纯电动模式运行，也可以插电模式运行，低温时可以通过附加加热系统对动力蓄电池加热，保证动力蓄电池在一定温度下工作，弥补了纯电动汽车动力蓄电池低温时活性降低的缺陷；同时，它的结构相对简单，实用性较强，可以在北方地区推广。

我国秦岭、淮河以南，雷州半岛以北属于亚热带气候，涉及16个省市（包括台湾省），约占全国国土面积的1/4，最低气温0℃以上，高于10℃持续天数在220~350天，比较适宜纯电动汽车使用。

七、加大现行燃油汽车电动化支持力度

新冠肺炎疫情暴发以来，基于推动经济恢复发展的需要，政府出台了一系列政策推动汽车报废，根据《财政部 商务部关于发布<老旧汽车报废更新补贴资金管理办法>的通知》等有关规定，根据车型不同，补贴额从5000~18000元/辆不等。地方政府也出台了相关报废补贴政策，例如广东对于2021年2月28日前报废后完成新车注册上牌手续并购买安全高效且技术先进的低油耗汽车、节油效果明显的非插电混动汽车或纯电动高级车型，给予0.33万~2.3万元/辆的补贴。但从2020年3月的终端进店客流和销售上险数来看，刺激效果一般，没有对新能源汽车销售带来很大拉动作用。

建议地方研究出台报废老旧车辆并置换新能源汽车的支持政策，给予新能源汽车置换补贴。

八、给予车电分离商业模式创新支持

电动汽车使用3~5年后，随着动力蓄电池的损耗，动力蓄电池的使用价值空间为20%~30%，即便是最后卖掉车辆，动力蓄电池的回购价值仅约为原值的10%。这意味着，用户实际使用动力蓄电池的价值只有30%~40%，剩余60%左右的动力蓄电池成本浪费了。采用车电价值分离销售模

式，组建"国家级电池银行"持有动力蓄电池产权，引入第三方金融公司，消费者只需要购买汽车本身，而采用租赁方式获得动力蓄电池使用权，是解决这一问题的办法之一。实现车电分离销售模式，可降低消费者初次购车成本，做到消费者购车一次性支出与燃油汽车持平，有效提升新能源汽车的购买力，解决制约新能源汽车大规模推广的成本难题。

此外，换电站具有占地面积小、效率高、品牌形象好、服务能力强、对电网冲击小、动力蓄电池梯次利用方便等特点，建议针对换电站中央财政出台建设投资补贴的支持性政策。

九、建立新能源二手车产业链体系，构建动力蓄电池回收利用体系

截至2020年年底，我国新能源汽车保有量达492万辆，新能源新车市场的快速发展将带动新能源二手车市场的扩大。早期销售的新能源汽车开始逐步进入置换期，新能源二手车逐渐受到重视，然而与火爆的新车市场相比，新能源二手车市场的销售情况并不乐观，车商、二手车市场以及消费者对新能源二手车的交易并不看好，行业中存在的许多问题有待解决。新能源汽车的二手车鉴定评估没有形成统一的标准体系，导致买方和卖方之间没有一个共同认可的参考标准，特别是对动力蓄电池的检测，是影响新能源汽车保值率的重要因素之一，实践中动力蓄电池普遍没有行业标准和方法进行测评。

建议从标准法规等顶层设计方面构建基于市场经济的二手车评估体系，比如动力蓄电池性能测评和动力蓄电池损坏折价标准、动力蓄电池回收方面的责任或价值界定。行业迫切需要由政府牵头、行业协会等权威机构共同参与制定相关技术规范，建立合理的二手车鉴定评估认证体系，更加公平公正地评估新能源二手车剩余价值。

动力蓄电池回收利用产业市场化发展需要政府、行业组织与企业共同探索和实践，考虑现阶段产业仍不成熟，未来产业发展仍需以政策标准体系完善为首要工作，同步开展商业模式探索与技术提升，建议从以下三方面实施。

1. 进一步强化政府监管，加快完善标准体系建设

加快推进实施《新能源汽车动力蓄电池回收利用管理暂行办法》，强化政府监管。严格设置回收利用企业准入条件，强化动力蓄电池溯源管理，彻底整治小作坊式企业回收乱象，明确消费者承担退役动力蓄电池主动回收义务，规范回收渠道。加强部门联动，充分发挥部级联席会议制度优势，联合公安部、交通运输部等部门协调解决车辆多级市场流动所有权归属等动力蓄电池回收难题，形成决策合力，与地方政府建立协同监督管理机制，保证政策实施落地。研究制定鼓励刺激政策，采取税收优惠或财政补贴的方式对网点建设和回收利用企业给予鼓励，增强各方积极性。加快回收利用各环节标准体系建设，鼓励通过行业机构先以团体标准的方式加快产业亟需标准规范的制修订和完善。

2. 持续开展关键技术攻关，以技术创新引领产业发展

建议依托骨干企业，通过建立国家科技计划统筹资金等方式加大对退役动力蓄电池余能检测、快速拆解分选、系统集成等关键技术开发的支持力度，突破产业技术瓶颈；充分发挥创新中心、联盟等行业机构统筹协调作用，凝聚整车企业、动力蓄电池企业、报废拆解企业、回收利用企业以及社会资本等产业链优势资源开展产业化技术协同创新，开展先进设备研发，加强大数据等信息化手段应用，有效提升回收利用工艺水平和工作效率，提高其经济可行性。

3. 深入开展产业协同，探索新型商业模式

鼓励车企与动力蓄电池生产企业、回收利用企业等开展深度合作，在原有产业链供应合作的基础上协同开展动力蓄电池回收利用产业布局，共建共用回收网点，合理分配经营收益，以回收端反哺生产端，形成利益共同体。由车企或具有动力蓄电池控制权的企业承担动力蓄电池回收主体责任，可通过以租代售、置换补贴等方式提升消费者退役动力蓄电池移交意愿，从源头完善动力蓄电池回收渠道。加快建立退役动力蓄电池信息共享机制，深化产业链各环节间互惠合作，鼓励上下游企业共同建立创新商业模式试点，破除体制障碍，探索形成可操作性强、具备经济可行性的商业

模式。推动动力蓄电池大数据监控平台以及梯级利用交易平台等公共平台建设，研究导入第三方动力蓄电池残值交易评估与定价机制，促进产业规范有序发展。

十、持续优化新能源汽车使用环境

针对充电基础设施利用率低、布局不合理、互联互通性差、进小区难等一系列问题，建议主管部门优化补贴方式和手段，推动地方政府补贴资金用于充电，引导地方财政补贴从补整车转向为电动汽车用户提供充电电费补贴和对运营企业充电服务电量实行补贴。统一电价，安装核减表，促进电价规范和公平竞争。加大金融、财税支持力度，鼓励开发商业保险保护消费者权益。

建议国家及各地方政府持续优化纯电动汽车使用环境，多措并举稳定和促进纯电动汽车消费。继续提高城市充换电站密度及充电效率；允许民用车辆使用公共充电设施时享受民用电价，适当降低充电服务费标准；减免纯电动汽车停车费、路桥费等，降低纯电动汽车使用成本，吸引消费者购车选择向纯电动汽车倾斜。

1）加强充电行业的安全管理，规范充电运营安全管理，重视网络通信安全管理，加快电动汽车充电安全创新技术应用。

2）加强充电基础设施建设的顶层技术路线设计，做好充电基础设施技术路线规划，做好城市各级充电网的布局规划，完善充电运营商管理制度，建立淘汰机制，完善充电运营商备案机制，建立运营标准和服务标准，建立服务积分淘汰机制，发挥行业协会引导作用。

3）积极推进分布式新能源产业发展，助力国家能源转型，由局部工作高效向全局运营高效迈进；建立分布式新能源产业发展激励机制，出台激励电动汽车低谷充电、高峰放电参与电网互动的电价政策；鼓励梯次动力蓄电池在分布式场景下的回收再利用；提高电网柔性，鼓励充电基础设施参与电力和碳排放交易，创新商业模式和技术路线，解决居民小区充电网建设难、盈利难问题。

4）做好充电网建设保障，重点做好充电基础设施建设场地资源保障与供给，开辟绿色通道，解决电力接入和快捷报装问题，加大充电基础设施政策支持力度。

5）探索创新充电网商业模式落地，鼓励运营商建立电动汽车充电服务和能源服务的运营平台，鼓励企事业单位、高校和研究机构做好充电基础设施大数据价值挖掘。

6）加大充电行业科技创新，鼓励充电基础设施相关技术创新和应用，打造充电领域技术高地，鼓励分布式新能源及储能技术创新和应用，鼓励大数据分析、边缘计算、人工智能等创新技术在充电网领域的应用，鼓励校企合作，加快充电网领域科研项目产业化进程。

十一、加快企业补贴资金回款，缓解重点企业资金压力

新能源汽车补贴款分为中央补贴和地方补贴，中央补贴在企业递交申请公文及资料后，需经国家发展和改革委员会（简称国家发展改革委）、财政部、工业和信息化部（简称工信部）层层审批和检验；而地方补贴涉及众多城市申报流程略有差异，但均涉及国家发展改革委、财政部、工信厅等政府部门，审批环节多、流程长，从而延长了新能源汽车补贴回款周期。对公车辆行驶里程的要求对补贴清算的时间点增设了一道门槛，进一步加大了新能源汽车企业的资金压力，滞兑多年的补贴款已成为绝大多数新能源车企沉重的财务负担。

建议主管部门缩短补贴申报和回款周期，加快补贴资金拨付，同时加大当年销售车辆的预拨资金比例，以缓解重点企业的资金成本压力。

总报告 四 新能源客车市场化发展对策

一、合理选择技术路线

根据当前新能源汽车技术路线,新能源客车主要分为纯电动客车、插电式混合动力客车和燃料电池客车。纯电动客车(包括慢充和快充式)仍为市场主要应用,其在新能源客车中占比超过85%。插电式混合动力客车对一些特定场景用户来说是较好的技术解决方案,但其占比仅为10%。氢燃料电池客车是未来发展的方向之一,能够解决使用者的里程焦虑问题,但受关键部件成本以及氢燃料相关基础设施建设进展的影响,目前仍未进入大规模商业应用。

新能源客车集中在公交和公路运输市场,可根据车辆的运行场景进行划分和选择相应的技术路线,见表1-4-1和表1-4-2。

表1-4-1 新能源公交客车技术路线

细分场景	运距/km	需求关注点	产品及技术路线发展预测
超大容量干线公交	10~20	安全可靠 上下客效率 舒适性 低能耗	需求集中在一、二线城市,承担主要通道大流量客流运输任务,在产品需求上会保留少量传统能源产品,以保证线路正常运营 受补贴退坡等因素的影响小,产品倾向使用方便乘客上下的低入口、低地板及大容量、高效率的高端纯电动产品

（续）

细分场景	运距/km	需求关注点	产品及技术路线发展预测
城区公交	5~30	安全可靠 性价比高 低能耗 维修方便	未来全国城区公交将基本实现电动化，城区公交电动客车保有量占比超过80%，电动化趋势已不可逆，且部分电动更新需求会向燃料电池产品转化
城郊公交	>80	高性价比 低能耗 维修方便	行驶线路相对较长，且主要在城郊区域运行，目前配套设施建设和续驶里程对该场景普及使用有一定制约，短期内保持纯电动为主、传统能源为辅的结构 高续驶里程特性以及加氢站的建设区位，使得未来燃料电池产品可覆盖该使用场景
城乡公交	<50	灵活适用性 低价位 低能耗 维修方便	行驶路线适中，一般采用定点定时式运行模式，充电设施和时间均有保障，纯电动完全满足要求

表1-4-2 新能源公路客车技术路线

细分场景	运距/km	需求关注点	产品及技术路线发展预测
长线及中长线公路客运	≥400	安全可靠 低能耗 舒适方便性 动力性	公路客运车辆运行强度高，产品需求基本为传统能源，但部分城乡短途线路会转为纯电动产品需求 燃料电池客车可满足远距离公路客车的高续驶里程要求，但需要加氢站等基础设施建设能够实现运行路线的全覆盖
中线公路客运	200~400	安全可靠 座位数 性价比 低能耗	
中短途客运	80~200	性价比 低能耗	
城郊客运或农村客运	<80	低价位 耐用 实用性 低能耗	

(续)

细分场景	运距/km	需求关注点	产品及技术路线发展预测
旅游	50~400	安全可靠 内外观精美 低能耗	一般省际、市际以及县际接团旅游汽车服务产品需求主要为传统能源产品，但城市、市郊以及景区内用车有电动化趋势
商务通勤	<100	低价位 外观造型 座位数 舒适性	受过去补贴的刺激，纯电动市场有所透支，市场仍存在较多未运营存量车，因此短期内前景不乐观 团体租赁业务主要为城市内或周边的单位通勤和短距离包车，使用强度相对较低，纯电动较适合该类业务的使用工况 目前新能源产品的成本是市场的痛点，预计当三电成本下降后，纯电动产品需求会回暖

二、加强新能源客车产品核心技术研究

在推广新能源客车市场化过程中，整车和零部件制造企业也需要集中力量、统筹资源，努力提升产品核心技术水平，重点解决市场重点关注的续驶里程、充电速度和动力蓄电池成本等问题。

1. 整车轻量化技术

整车轻量化对降低单位里程能耗、延长续驶里程、降低整车成本有着重要意义。企业应在轻量化设计、材料和工艺等方面开展研究，研究车身结构优化设计、高强度材料和轻质材料的混合车身设计与应用、相关成形技术和连接技术、复合材料车身制造工艺和共性基础平台建设等需要重点突破的关键核心技术。

2. 电驱动总成系统

电驱动总成系统是为新能源客车提供主要的能量转换与动力传递的系统，是实现机械能与电能转换，保证整车动力性、经济性与可靠性等性能的关键。电驱动领域应以提升驱动电机功率密度与效率、提高电机控制器

集成度为重点，以核心器件和关键材料国产化为支撑，进一步提高直驱式电机比功率，扩展高效区，开发和推进高效分布式驱动技术，全面提升驱动电机及其控制系统技术水平，提升产品性价比。

3. 高能量密度动力蓄电池系统

动力蓄电池是支撑新能源客车技术发展的核心，其技术进步和性能水平直接决定新能源汽车的续驶里程、使用寿命、成本等关键指标。相关企业应着重发展高比容量和热稳定性好的正负极材料、耐高温隔膜材料、耐高压阻燃电解液等关键材料技术，进一步提升系统集成技术、智能制造技术及装备、测试评价技术、梯次利用与回收技术，并布局全固态锂离子和锂硫电池等新体系电池研发。

4. 整车能量管理

整车能量管理系统可以提高能量回收率、降低运行能耗，解决纯电动公交车的续驶里程问题。企业应用多信息融合、车联网、大数据、分布式控制、智能优化等技术，建立车联网平台、数据分析模型，实现对数据质量、车辆运营状况、动力蓄电池整体评价以及对行驶工况和驾驶意图的实时分析；建立纯电动客车全局最优能量控制策略、管理策略及其系统，以实时采集数据为基础，结合新能源远程监控系统获取车辆运行历史数据，实现整车控制程序融合和以实时采集数据为基础的能量管理。

三、联合多方资源开展商业模式创新

商用模式创新的目的在于扩展新能源客车的使用场景，提升销量和市场渗透率；降低客户购买新能源客车产品的成本；改善新能源客车售后服务体验。

1. 客旅团产品运营模式创新

针对客运、旅游、团体（简称客旅团）产品，解决团体、商务客车和校车等停放、充电和车辆资源调配问题，尝试成立合作运营公司，创新以租代售、共有产权、信息共享等模式，探索以车辆租赁的方式实现运力共享，降低车辆闲置率，提高运输效率，提升车辆在生命周期内的盈利能力。

2. 推广定制公交

将目前部分城市施行的"定制公交"模式推广至全国大中型城市,实现以需求为导向的精准公交服务,根据乘客出行路线和客流情况,灵活安排运营班次和线路,提升公交运营效率。可根据市场化原则,将新能源公路客车引入城市"定制公交",在适当提高乘车价格的同时,保证一人一座,提升乘坐舒适性、缩短通勤时间,打造城市高端公交服务模式。

3. 车电分离模式创新

借鉴新能源乘用车成功经验,联合动力蓄电池厂家、资本公司和政府部门等成立动力蓄电池资产管理及租赁机构,在新能源客车领域试行车电分离模式,将有利于解决纯电动汽车的价格、充电、残值等问题,降低购车者的成本。

4. 改善客户使用和售后服务体验

要重点解决目前部分地区客车服务站过少、服务质量不佳的问题,可尝试引入专业维修机构,开展共享服务站模式,增加地区的客车服务网点数量。同时,可利用现有车联网平台,加强车企、客户和服务三方信息互通,疏通咨询和投诉渠道,建立健全服务评价机制,提高服务质量。

四、修改现有购置补贴发放规则,减少企业资金占用

当前,购置补贴发放需等待销售车辆运营满20000km以后才能申报,整车制造企业销售价格已经扣除国家购置补贴,导致整车企业资金占压严重。此外,部分购车客户在车辆运行方面不积极,也导致无法及时获得补贴。购置补贴的提前预拨,可以在车辆获得行驶证后,凭行驶证和购车发票信息将全部购置补贴发放给整车制造企业,如果购车客户在规定时间内不积极运行,或行驶里程不达标,则在后期运营补贴内扣除。

国家有关部门应通过成立监督购车客户运行里程的部门或者购买第三方服务的方式,改变整车制造企业督促购车客户运行里程的现状。整车制造企业将新能源车辆交付给客户后,交易已经完成,整车制造企业为获得补贴再耗费巨大精力督促客户配合完成运营里程,这显然增加了整车制造

企业的负担。

五、政府补贴政策提前发布

近几年的新能源补贴政策,多为每年三四月发布,设置三个月的过渡期,造成整车企业产品开发准备时间紧张,影响了产品开发及技术提升质量。建议提前半年发布下一年度补贴政策,如每年的6月30日前发布下一年补贴政策,以便整车企业有充分的时间进行产品开发及技术优化,便于企业有针对性地进行市场推广,减少公告变更频率。

六、鼓励客运旅游团体车辆积极使用新能源车型

当前的客旅团车辆,受运行线路长、充电桩少、缺乏运营补贴等因素影响,购置补贴及生命周期内电费节约的使用成本还不能完全覆盖相比传统燃料多出的购车成本,从使用方便性、经济性两个角度制约了客旅团产品的推广速度。因此,较多车辆为了获取运营补贴,改用公交产品运营以获取运营补贴,增加安全性风险。既然如此,不如让客运车辆获得运营补贴合法化、公开化,从而按客运车辆的标准增加安全性。

运营补贴设置的主要目的是鼓励使用新能源汽车,建议按每年的实际运营里程给予补贴,一则用于弥补客户相比传统燃料多出来的高额购置成本,二则用于对客户运营新能源车辆的奖励。具体车长与对应的补贴金额建议见表1-4-3。

表1-4-3 建议车长与对应的补贴金额

车长 L/m	$6 < L \leqslant 8$	$8 < L \leqslant 10$	$10 < L$
补贴金额/(元/km)	0.4	0.6	0.8
每年补贴金额上限/万元	4	6	8

七、加大充电桩等基础设施建设力度

当前在主要的高速公路服务区较多配置的是适用于乘用车的小功率充电桩,大中型客运旅游客车充电还不方便,充电桩数量少,需要增加建设

适用于商用车的大功率充电桩。在高速公路服务区、景区服务区、城市加油站等公共商用车辆通行区域配置适应性充电桩,解决城际公交、中长途客运、旅游车辆充电困难问题。

充电桩的建设应综合考虑较长的投资回收期,国家有关部委联合财政、银行、土地管理、规划、石油、电力等部门,制定积极的政策,在充分利用现有加油站场地的基础上,补充增加新的充电站场,增大充电桩数量及密度,提高商用车充电便利性。

八、减免新能源公路客车道路通行费,降低用户使用成本

积极使用新能源客车是践行国家石油替代、绿色出行战略的重要抓手,基于当前动力蓄电池成本居高不下导致整车购置成本高于传统燃油客车的现状,通过增加新能源客车高速公路绿色通道、全线减免道路通行费的方式,降低用户使用成本,将提高客户使用新能源客车的积极性。建议按表1-4-4所示比例减免道路通行费。

表1-4-4 建议车长与对应的减免道路通行费

车长 L/m	$6 < L \leq 8$	$8 < L \leq 10$	$10 < L$
高速通行费减免金额/(元/km)	0.5	0.8	1
普通道路通行费减免	减免为0		

九、推行路权倾斜、新购置新能源车辆比例等政策

集团用户班车及客运公司、旅游公司等新增车辆需满足一定比例新能源汽车要求。3A级以上景区、环境保护区等旅游观光用车强制使用新能源客车。

十、针对车电分离制定政策细则,打通运行障碍

由国家统一制定车电分离政策,解决公告一致性、补贴、三包、保险及车辆发票等与现行政策的障碍,推动车电分离落地实施,降低终端购车客户购车成本。

对纯电动客车，建议更改公告一致性规则，允许动力蓄电池和整车分离购买、分离补贴、分离三包、分离购买保险和开具发票，从而使车电分离合法化。购置及运营补贴金额按发票金额的比例分配。

十一、健全行业标准规范体系

在当前已有35MPa加气瓶标准基础上，加快建立液态氢、燃料电池气瓶压力70MPa存储、加注、运输、设计、实验、维修等标准体系。

总报告 五 / 新能源货车市场化发展对策

一、以应用场景为核心进行车型创新研发

对新能源货车而言，从现有技术和可预见的发展前景看，必须根据应用场景的具体情况，选择合适的技术路线，见表1-5-1。

表1-5-1 新能源货车技术路线建议

新能源车型	城市物流				城市专用				矿山/港口/城建				城际物流			
	微	轻	中	重	微	轻	中	重	微	轻	中	重	微	轻	中	重
BEV	○	○			○	○	○	●				●			○	●
PHEV/REEV			▲					▲								▲
FCV			■				■	■			■				■	■

注：○代表BEV，●代表换电，▲代表PHEV/REEV，■代表燃料电池汽车（FCV）。

得益于路权放开、财政政策和电商物流的需求快速增长，微型和轻型新能源城市物流车增长趋势明显，其中，纯电动汽车满足短程应用场景，插电式混合动力和燃料电池汽车满足中程应用场景。

城市专用车承担环卫、抢修和消防等多种作业类工作，对各种级别的车型都有需求，应加快推进新能源车型对传统车型的置换。其中，纯电动汽车满足短程应用场景；插电式混合动力汽车、增程式电动汽车满足中程应用场景，或活动范围较大、上装用电需求大且充电不便的场景，对有长时间作业要求的纯电动重型车适合采用换电方案；燃料电池汽车方案适用于具有加氢条件的中重车型应用场景。

矿山、港口、城建工程采用的重型牵引车和工程车对环境和污染敏感，应大力推进新能源汽车置换；由于对车辆承载能力和出勤率要求极高，需要采用换电或燃料电池汽车方案。

城际物流新能源化是提高新能源货车渗透率的重要途径，其中，中型车适用于城际运输，主要采用纯电动汽车和燃料电池汽车方案；重型车适用于省际运输，主要采用换电、插电式混合动力汽车、增程式电动汽车或燃料电池汽车方案。需要在高速服务区和始末站建设快换站或加氢站。

二、开展商业模式创新

1. 新能源货车租赁模式创新

运营性的新能源货车，如物流车，对投入产出效益非常敏感，而新能源货车价格远高于传统燃油货车，需要探索通过融资租赁等新的商业模式，化解用户的资金压力。

在租赁模式下，车辆出租方、物流平台和用户形成长期稳定的合作关系，充分发挥各自的优势，实现多方共赢。车辆出租方具有强大的资金实力，负责提供车辆、车辆维修和能源保障，获取财政补贴、运营奖励和车辆租金收益。物流平台介入物流实际运作，通过互联网信息技术手段解决车货匹配、运营监管的物流需求问题，获取物流服务收益。车辆用户承担运输任务，获得劳务收益。

2. 车电分离金融模式创新

对于重资产的新能源货车，需要解决因采用高电量电池包带来的整车高售价问题，可探索车电分离金融模式创新。车辆用户只需购买裸车，通过向动力蓄电池租赁公司付租金的形式取得动力蓄电池的使用权，或采用分期付款方式获得动力蓄电池所有权，从而降低购车成本。动力蓄电池租赁公司在整车生产厂的支持下负责动力蓄电池的维护，并承担动力蓄电池回收和梯次利用的工作，充分发挥电池包全生命周期价值。

3. 换电模式创新

对于重型牵引车、重型工程车和市政用车等对承载能力和续驶里程有较高要求的车型，通过采取换电模式，可以破解充电难题，打破续驶里程瓶颈，大幅提高车辆利用率。由电池资产公司持有电池资产，可大幅降低用户拥车成本，提高电池资产流动性。由换电运营商进行充换电，可以合理利用错峰电能资源，降低充电费用，通过科学合理的充电维护提升动力蓄电池安全性，延长动力蓄电池寿命。

三、加强售后服务体系建设

1. 服务网络开发

提升服务网络覆盖率，核心城市100%覆盖，地级市覆盖率大于80%，并实现一站式服务。

2. 服务能力培育

对新能源车辆维修人员实行执证上岗机制，从而快速建立新能源服务技术能力。

3. 市场服务保障

推动服务系统上线运营，推广移动服务车模式，提升响应速度。

四、进一步完善新能源货车推广政策

1. 财政政策

建议2023年1月1日前补贴政策中针对新能源货车、专用车的技术指标维持现有标准不变，直到补贴完全退出。

建议免税政策延长至2025年，2025年之后根据新能源汽车发展情况制定减免政策。建议出台鼓励融资租赁贴息支持政策。

建议国家或地方政府出台后补贴时代新能源激励政策（如技术、产品等创新奖励）。

建议国家和地区出台从购车补贴转为运营补贴和充电补贴等政策，加大充电优惠价格支持政策。建议补贴政策中"城市物流配送车"按产品公告名称明确车型范围。

建议提高国家补贴清算的及时性，将已达标车辆全部纳入清算范围；

同时，采用技术手段对抽查车辆进行检查，如远程操控、异地协同等方式，不再集中抽查。

2. 交通政策

建议对新能源货车实施高速公路绿色通行政策，减免过路过桥费、停车费等，提升客户端的使用便利性，有效降低新能源货车用车成本。

建议对新能源货车的车型定义相关标准进行修订，统一吨位划分标准，减少地方政府对新能源物流车进城标准的管理乱象。坚持并加快扩大新能源货车路权政策实施范围。

3. 基础设施建设

建议加快新能源换电站、加氢站、大功率充电站等基础设施建设，以保证多种技术路线应用场景的新能源汽车的推广。

4. 其他建议

依据《新能源汽车产业发展规划（2021—2035年）》，建议加快《推动公共领域车辆电动化行动计划》政策落地。

五、针对车电分离及换电模式制定政策细则

车电分离金融模式需要解决各参与方在国家补贴、税费减免等方面的利益分配问题，厘清动力蓄电池使用过程中的安全管理责任。

换电模式需要解决整车产品公告中车辆与电池包匹配一致性问题，并提升动力蓄电池标准化程度，实现通用化。

六、进一步健全行业标准规范体系

健全新能源货车行业技术标准，促进其在新能源货车行业快速发展中发挥指导性作用，在涉及安全性、通用性以及多领域协作方面的技术标准尤为突出。

总报告 六 / 燃料电池汽车发展对策

一、发展大功率燃料电池系统的氢燃料电池客车

在我国，氢燃料电池客车是目前氢能在交通领域最主要的细分应用领域之一，其中公交客车是主要用途，占比达60%以上。

较长续驶里程的氢燃料电池客车将于2030年左右总体拥有成本（Total Cost of Ownership，TCO）经济性优于纯电动汽车。2030年，氢燃料电池客车的续驶里程将达到500km以上，车辆购置成本与同等续驶里程的纯电动客车相当。由于氢耗水平下降至5kg/100km以下，且氢气销售价格将低于40元/kg，氢燃料电池客车的使用成本将大幅下降，其全生命周期的TCO优于纯电动客车。

从消费者角度看，氢燃料电池客车的每千米TCO成本到2025年将降至3.72元/km，相比2020年，降幅达到42.3%，到2035年、2050年将分别降至2.47元/km、1.62元/km。随着燃料电池和储氢系统技术性能的提升，氢燃料电池客车的续驶能力、低温适应性、能源补给时间等方面的优势逐渐凸显，在长距离公交客车领域具备较大的发展前景。氢燃料电池客车将朝着大功率燃料电池系统的趋势发展，通过动力系统的优化逐步降低整车氢耗水平，在不增加储氢系统容量的前提下提高续驶能力，且未来氢气价格降低，氢燃料电池客车TCO目前占主要比例的购车与加氢成本将下降，全生命周期的经济性将改善。到2050年，氢燃料电池客车的燃料电池系统功率将达到200kW，氢燃料经济性小于4kg/100km，续驶里程大于800km。

二、发展大功率燃料电池系统的氢燃料电池物流车

在我国，氢燃料电池物流车是氢能在城市或城际中长距离货运领域的一个细分应用场景，目前是国内在运行氢燃料电池汽车的主要部分。

2025—2030 年，载荷能力大于 3t、续驶里程大于 400km 的氢燃料电池物流车的 TCO 成本经济性将优于纯电动汽车。由于载荷能力和续驶里程的要求，纯电动物流车所需的动力蓄电池系统容量在 200kW·h 左右，导致其车辆购置成本较高，且充电时间较长。氢燃料电池物流车将在 3t 及以上负荷水平的城市中长途运输货车领域具备优于纯电动汽车的经济性。

从消费者角度看，氢燃料电池物流车的每千米 TCO 成本 2025 年将降至 2.20 元/km，相比 2020 年，降幅达到 40.5%，到 2035 年、2050 年将分别降至 1.51 元/km、1.03 元/km。对于有一定载荷能力和续驶里程要求的城市物流车，氢燃料电池车型在能量补给时间、低温适应性、装载空间等方面相对纯电动汽车更具优势。随着大功率燃料电池系统关键技术的突破，氢燃料电池物流车的动力性能提升，且耗氢水平较低，2035 年后可降至 2kg/100km 以下，在不影响续驶能力的前提下储氢系统容量可稍做缩减，进一步提升车内的有效装载空间。氢燃料电池物流车的加注时间为 10～15min，远低于纯电动物流车的充电时间（快充技术需要投入较大的充电基础设施改造费用），适用于运输距离较长的城市或城际物流配送领域。到 2050 年，氢燃料电池物流车的燃料电池系统功率将达到 100kW，氢燃料经济性小于 2kg/100km，续驶里程将提升至 500km。

三、发展重型货车领域是减排脱碳的重要替代方案

目前国内已推出多款车型，并已展开小范围、小批量的试运营。2020 年 9 月，北汽福田 32T 氢燃料电池重型货车发布，搭载了 109kW 大功率氢燃料电池发动机，电堆为国内自主研发，采用液氢储氢系统，已通过 -30℃ 低温冷起动试验。江铃重汽在 2020 年 3 月向上海智迪交付首批 10 辆江铃威龙氢燃料电池重型货车，该车采用了 95kW 燃料电池系统。

对于载荷能力 235t 的重型货车，在城际干线或支线物流等长距离运输

场景（续驶里程大于500km）下，氢燃料电池重型货车的全生命周期经济性将在2030年左右超过纯电动汽车。

从消费者角度看，氢燃料电池重型货车的每千米TCO成本2025年将降至5.60元/km，相比2020年，降幅达到43.3%，到2035年、2050年将分别降至3.21元/km、1.94元/km。由于氢燃料电池重型货车的每千米TCO成本结构中，能源使用成本占比60%以上，2030年后，随着氢能产业规模扩大，氢气的销售价格将低于40元/kg，且重型货车的氢耗水平也将有显著下降（至8kg/100km以下），此时能源使用成本将降低，氢燃料电池重型货车的TCO具备与纯电动重型货车相当或更优的经济性。

随着氢燃料电池动力系统的技术发展，氢燃料电池重型货车的动力性能和续驶能力将在干线或支线重载长途物流领域发挥极大的优势作用。对于载荷能力和续驶里程要求较高的使用场景，由于氢燃料电池动力系统功率密度大、动力系统体积小，随着车载储氢密度的提升，氢燃料电池重型货车的动力和能量储存系统的重量与体积有望与传统燃油汽车持平。同等续驶里程下，纯电动重型货车所需的动力蓄电池系统容量超过900kW·h，重量为3~4.2t，体积为2250~3150L，相比氢燃料电池重型货车，有效载荷空间和重量的减少较大（假设动力蓄电池技术没有重大跨越式突破）。

至2050年，氢燃料电池重型货车的燃料电池系统功率将达到300kW，氢燃料经济性小于6.1kg/100km，续驶里程提升至700km。

中国新能源
汽车市场化发展
对策研究报告

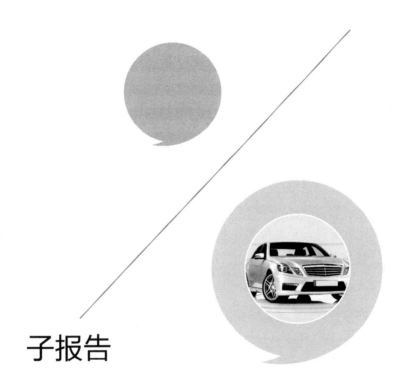

子报告

子报告一　新能源汽车整车市场发展与对策研究

子报告二　新能源汽车供应链及关键零部件发展与对策研究

子报告三　新能源汽车智能化发展与对策研究

子报告四　新能源汽车基础设施建设发展与对策研究

子报告五　新能源汽车循环经济发展与对策研究

子报告六　新能源汽车产业管理、成本与产品使用发展与对策研究

子报告 一 新能源汽车整车市场发展与对策研究

一、制约我国新能源汽车市场化发展的问题分析

为改善我国能源结构，摆脱对石油的依赖，同时实现《新能源汽车产业发展规划（2021—2035年）》愿景，必须依靠非政策性市场推进新能源汽车产业发展，新能源汽车市场化迫在眉睫。但市场化发展面临政策方面、整车方面、技术端方面、基础设施方面、循环经济方面等问题。

1. 政策方面问题

问题一：补贴政策机制不完善，导致新能源汽车在与燃油汽车竞争时处于弱势。

我国补贴政策在推动新能源汽车发展中发挥了重大作用，助力我国新能源汽车市场高速发展，但随着补贴大幅度退坡（2019年国家补贴基础标准相比2018年退坡47%~60%），市场增长率远低于退坡前几年的平均水平，暴露出补贴政策机制不完善的问题。

一是动力蓄电池成本降幅远不及补贴退坡金额，产业驱动断档，导致消费者购车成本居高不下，新能源汽车产品在市场竞争中处于弱势，新能源汽车市场销量增长率大幅下滑，尤其在燃油汽车同等价格区间，对价格敏感度较高的市场，这在一定程度上影响了新能源汽车的市场格局。

二是企业为保持产品市场竞争力，出现政策调整期增加存货、新产品销售价格维持不变乃至下调等竞争现象，这直接影响企业盈利水平，同时新能源补贴发放周期达两年，更加剧了企业资金压力，影响整车企业良性

发展。这要求企业针对传统补贴模式退坡现状，寻求新的驱动模式补齐，使新能源汽车在一定程度维持与传统燃油汽车的竞争力，保持新能源汽车市场活力。

问题二：补贴政策单纯强调扶优扶强，影响企业产品规划及布局。

我国补贴政策本着扶优扶强的原则，对整车性能提出了严苛的要求，随着各项指标的逐年提高，我国新能源汽车产业得到了突飞猛进的发展。但过于重视技术端扶优扶强导致了两个问题：产品技术迭代快、产品开发脱离市场需求。

一是补贴政策多变推升动力蓄电池、整车产品快速迭代。汽车产品的迭代周期不同于电子产品，更新周期长，通常为4~6年，一款传统乘用车从上市开始，中间经历两三次的小改款、一次大改款，最终走向该车型的退市阶段。但受补贴政策变化快及过分注重技术指标门槛的影响，这一过程大大加速，一款新能源车型往往上市一年后就要更新动力蓄电池系统，这不仅导致企业研发费用上升，更导致车企对产品验证时间不足。

二是企业过度围绕补贴开发产品，产品开发设计中存在重补贴、轻市场的现状。如2019年补贴门槛从2018年的150km上升至250km，A00级产品续驶里程集中布局250~300km，但A00级产品最终以市场为导向，续驶里程仅170km的五菱宏光MINI以月销3万辆迅速占领了市场。

三是国家和地方对部分新能源汽车细分市场政策缺失，导致发展受限。不同的使用场景和环境对产品提出了不同需求，需要通过不同技术路线、不同级别的产品去满足终端客户需求，推动我国新能源汽车市场发展多元化。政府应依据环境及场景特性，基于市场针对性地出台助力市场化推广的政策。企业应依据环境及场景特性，基于市场针对性地开发相应的产品。

问题三：行业法规标准不健全，制约新型产业商业化。

新能源汽车相对传统汽车在部分领域具有颠覆性，部分领域相关标准、法规不能满足现阶段产业链发展需求，制约了新能源汽车市场化，主要表现在以下三方面。

一是整车车电分离商业模式创新，提升新能源产品价格竞争力，是实现市场化的重要途径，主流主机厂采用车电分离模式（快换、慢换）降低客户采购成本，但车电分离涉及准入、注册登记、年检、流通、交税等问题。

二是液氢、燃料电池气瓶压力是影响氢燃料汽车推广的重要因素，目前压力标准为35MPa，与国际标准70MPa有一定差距。

三是智能化（自动驾驶）是行业主要趋势，但目前存在对自动驾驶级别认定不清、事故发生责任认定不完善的现象，制约了智能化发展。国家政策标准法规制定需与市场发展现状保持同步，推动相关产业链创新发展，促进新能源汽车市场化。

2. 市场方面问题

问题四：新能源汽车安全事故及其带来的舆论阻碍新能源汽车市场化。

新能源汽车安全事故概率约为万分之0.5，传统汽车则为万分之1至2，相比较而言，新能源汽车安全事故率低于传统汽车，但消费者对新型产业的安全性往往包容度较低，新能源汽车安全舆论导向可能对消费者选择及购买新能源汽车产生负面影响。

问题五：自主品牌依靠内销，全球化程度低。

我国新能源汽车自主品牌基本依靠内销，2020年1—11月，美国、欧洲、日本市场畅销新能源车型无一中国品牌，而以特斯拉、雷诺、日产、大众等品牌为主。不过我国新能源乘用车市场国外产销量占比由2017年的7.8%上升至2020年的33%。

3. 技术端方面问题

问题六：部分核心技术自主研发能力不足，依赖进口。

未来汽车产业的核心价值将不再是发动机、车身、底盘，而是动力蓄电池、芯片、车载系统、数据。我国目前三电系统已配套齐全，动力蓄电池全球领先，电机实现本土化替代，智能化加速向整车渗透，但部分核心零部件自主研发能力偏弱严重依赖进口。

例如，作为新能源汽车电控系统核心零部件的 IGBT[①]，2018 年我国进口依存度约 90%；图像处理芯片基本被英伟达和 Mobileye（被英特尔收购）垄断，未来市场高品质发展存在风险。

4. 基础设施方面问题

问题七：充电基础设施布局及管理不完善。

2020 年我国充电桩建设累计 121.9 万个（快充桩、慢充桩）、车桩比为 3.41，相比 2015 年充电桩建设 6.6 万个、车桩比 6.4，充电基础设施在规模和使用体验方面快速发展，但仍面临诸多问题制约行业发展，主要集中在以下四方面。

一是区域及地点分布不均，例如北京、上海、江苏、广东等省市充电桩占全国保有量的 50% 以上。

二是公共充电桩不可用，如车桩不兼容、停车位被燃油汽车占用、充电桩发生故障等。

三是私人充电桩建设受阻，私人充电桩保有量只有 76.3 万个，完成率 17.7%，远低于预期。

四是新能源汽车充电安全事故占总事故的 35%，安全性有待提高。

问题八：基础设施前期投入过大，运营中盈利水平不足。

我国在《新能源汽车产业发展规划（2021—2035 年）》中提出完善基础设施体系，加强推动充换电、加氢等基础设施建设，提升互联互通水平，鼓励商业模式创新，营造良好的使用环境。但是基础建设运营商前期投入大，运营过程盈利能力弱，在充电桩运营商运营方面，2019 年充电运营商仅特来电宣布跨过盈亏平衡线开始盈利；换电站及加氢站属于重资产运营，前期投入大，市场规模较小，存在换电站使用率低的风险，加剧了投资回收期长的问题，将给车企开发相应车型及终端使用带来顾虑，制约新能源汽车市场化。

5. 循环经济方面问题

问题九：新能源二手整车回收体系不健全。

[①] IGBT 是 Insulated Gate Bipolar Transistor 的缩写，即绝缘栅双极型晶体管。

动力蓄电池技术更新迭代快，回收评估与梯次利用未成熟等问题导致新能源汽车买车容易卖车难，新能源汽车残值太低，成为消费者购买新能源汽车的最大阻碍，也成为影响新能源汽车销售和流通的主要障碍。二手车交易平台置换二手车的车主大多数心理价位为新车价位的 40%~60%，新能源汽车 3 年残值率仅为 30% 左右，而传统燃油汽车 3 年残值率约 70%。二手车回收价差阻碍了新能源汽车市场化。

二、新能源汽车市场化发展技术路线相关问题对策研究

（一）新能源汽车技术路线发展现状

"十五"期间，我国提出了意义重大的"三纵三横"总体路线，明确了以纯电动汽车、混合动力汽车、燃料电池汽车三种车型为"三纵"，多能源动力总成控制系统、驱动电机及其控制系统、动力蓄电池及其管理系统三种共性技术为"三横"的布局展开研发。2012 年，国务院发布的《节能与新能源汽车发展规划（2012—2020 年）》进一步明确了新能源汽车的定义，包括纯电动汽车、插电式混合动力汽车和燃料电池汽车等技术路线。2020 年 11 月，国务院发布的《新能源汽车产业发展规划（2021—2035 年）》，提出要坚持电动化、网联化、智能化发展方向，突破关键核心技术，以纯电动汽车、插电式混合动力（含增程式）汽车、燃料电池汽车为"三纵"，以动力蓄电池与管理系统、驱动电机与电力电子、网联化与智能化技术为"三横"，提高技术创新能力，进一步细化和深入发展了新能源汽车产业技术路线。

在政策的强有力支持下，我国新能源汽车产业取得了丰硕成果，开发出众多具有国际先进水平的新能源汽车产品，2015—2020 年，我国新能源汽车产销量蝉联全球第一，更关键的是建立了具有国际水平的零部件研发和生产体系，为我国新能源汽车产业发展夯实了基础，具体见表 2-1-1。

表 2-1-1　2015—2020 年新能源汽车销量与车型技术路线占比

对比项目		2015 年	2016 年	2017 年	2018 年	2019 年	2020 年
销量 /万辆	总量	33.1	50.7	77.7	125.6	120.6	136.7
	EV	—	—	—	98.4	97.2	111.5
	PHEV	—	—	—	27.1	23.2	25.1
	FCV	—	—	—	0.15	0.27	0.1
占比 (%)	EV	—	—	—	78.3	80.6	81.6
	PHEV	—	—	—	21.6	19.2	18.4
	FCV	—	—	—	0.12	0.23	0.1

注：数据来源于中国汽车工业协会。

1. 纯电动汽车在新能源汽车中占据主流地位

目前，新能源汽车产销以纯电动汽车和插电式混合动力汽车为主，其中，纯电动汽车占比 80% 左右，已成为新能源汽车的主流。这主要是因为插电式混合动力汽车技术较为复杂，研发投入较大，一般车企缺乏研发力量或资金实力不足，选择该技术路线的车企较少；纯电动汽车技术相对较为简单，且补贴额度较大，多数企业选择开发纯电动汽车，且大量应用于公共服务领域；燃料电池汽车由于技术最为复杂，投资巨大，产业链不完善，基础设施缺乏，绝大多数企业不愿投入，销量较少。

2. 插电式混合动力汽车是部分私人用户的选择

目前，我国和欧洲是全球主要的插电式混合动力汽车市场。近三年，我国插电式混合动力汽车销量占比 20% 左右，并略有下降趋势。由于政策支持，2020 年欧洲插电式混合动力汽车占比超过 40%，瑞典一直以插电式混合动力汽车为主，占比 69%。

插电式混合动力汽车短途可用纯电、长途可用燃油驱动，既解决了短途绿色出行的问题，又解决了用户长途的里程焦虑，非常适合部分用户的需求，而且在目前充电基础设施仍未十分完善的情况下，插电式混合动力汽车的活动范围显著大于纯电动汽车。

在不受地方政策限制的地区，城市私人用户较倾向选择插电式混合动力汽车。但在没有免费车牌的支持下，插电式混合动力汽车销量较小，仍缺乏与传统汽车竞争的能力。考虑到碳达峰、碳中和"3060"目标，插电式混合动力汽车是非常好的替代传统汽车的过渡产品。

3. 增程式电动汽车占据细分市场的一席之地

增程式电动汽车属于插电式混合动力汽车的细分市场，成本较纯电续驶里程在 50～80km 之间的插电式混合动力汽车高，自带发电机，用户无里程焦虑，不受基础设施限制，适合日常行驶里程较长的用户，或不愿受里程焦虑影响的高端用户。

由于增程式电动汽车的发动机不会直接驱动车辆，在增程工况下需要经过油到电到机械二次转换才能驱动车辆，系统效率下降，特别是在市郊、高速运行下，效率远低于发动机并联驱动。由于增程式电动汽车需要配置发动机（专用发动机，技术要求高）、发电机等，零部件需求基本与串并联式双电机方案插电式混合动力汽车相当，因此成本并无优势，甚至比单电机插电式混合动力汽车成本更高。

4. 燃料电池汽车是商用新能源汽车市场化发展的重要途径

近三年，国内燃料电池汽车销量保持千辆级规模，与国外几乎全部是燃料电池乘用车不同，国内几乎全部是燃料电池商用车。其主要原因，一是乘用车安装空间极其狭窄，对燃料电池技术要求极高，国内技术水平尚未达到大规模量产程度，而燃料电池商用车安装空间较大，技术难度相对较低；二是加氢基础设施严重缺乏，燃料电池商用车可以运行在固定线路，集中加氢，但私人乘用车推广应用则较困难。

氢具有来源广泛、大规模稳定储存、持续供应、远距离运输、快速补充等特点，在未来车用能源中氢能优势明显，将与电力并存互补。在未来碳中和背景下，氢能具有重要的能源媒介作用，其消纳与储存作用，能支持可再生能源的大规模投产。因此，从能源角度考虑，未来氢能具有广阔的应用前景。而且氢燃料电池汽车具有的零排放、效率高、续驶里程长、燃料加注快等优点，弥补了纯电动汽车续驶里程短、充电时间长的劣势，使其具备完全替换传统汽车的优势。

（二）新能源汽车技术路线存在的问题

1. 政策强力支持新能源汽车发展，同时也强烈影响着企业的技术路线

为促进新能源汽车的发展，我国针对新能源汽车发布了一系列支持和管理政策，目前我国有较为完整的新能源汽车政策体系。我国的新能源产业政策涵盖宏观综合政策、推广应用政策、科技创新政策和基础设施政策、行业管理政策和税收优惠政策等方面。国家对新能源汽车的支持是一贯的，力度是逐步加强的。除了国家层面出台的相关政策，相关地方政府也纷纷出台激励政策，这些政策的组合有力地推动了新能源汽车的研发、生产和销售。在我国新能源汽车的发展中发挥了不可替代的作用。

由于新能源汽车成本较高，补贴政策对车企产品开发技术路线产生了巨大的引导作用，多数车企基本上每年跟随补贴政策的技术要求的变化来开发或调整车型，产品生命周期短。补贴政策的技术要求包括整车续驶里程、电耗和能耗、动力蓄电池能量密度、单位载质量能量消耗量等，其中，能耗方面的技术指标属于国家必须主导的方向，其他指标属于市场选择的指标。补贴政策在技术层面的深度介入，引导企业向长续驶里程和动力蓄电池高能量密度方向发展，在政策执行初期，起到了良好的引导和推进技术发展的作用，随着新能源汽车规模扩大、补贴逐步退出，市场对产品技术路线的影响作用逐步加强。

2. 各类扶植政策导向不尽一致

根据上险数据分析，在纯电动汽车领域，双限（限购、限行）城市的销量占比在60%以上，其中，2020年限购城市的占比为43%，如图2-1-1所示。在使用性质上，营运车辆和私人车辆是两大主要需求市场。虽然私人用户在2020年的占比达到了69.4%，但根据市场走访和调研，这其中有较大比例的私人用户通过挂靠等方式也进入了营运市场，如图2-1-2所示。

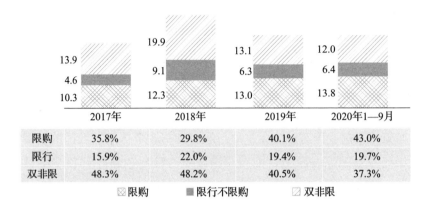

图 2-1-1 不同政策城市私人纯电动汽车的销量（万辆）

注：根据上险数据整理。

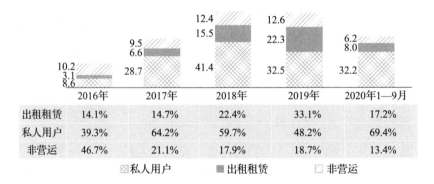

图 2-1-2 不同应用领域纯电动汽车的销量（万辆）

注：根据上险数据整理。

根据上险数据分析，在插电式混合动力汽车技术路线上，私人消费占70%以上的市场份额。相对于纯电动汽车，插电式混合动力汽车更偏向于限行限购城市，据统计，插电式混合动力汽车约有70%以上的产品被双限城市的用户消纳，如图2-1-3所示。在非双限城市，购买插电式混合动力汽车的用户，其使用特征与传统燃油汽车基本一致——看中插电式混合动力汽车的动力性好、无里程焦虑（加油站布局比较完善），如图2-1-4所示。

图 2-1-3　不同政策城市插电式混合动力汽车的销量（万辆）

注：根据上险数据整理。

图 2-1-4　不同应用领域插电式混合动力汽车的销量（万辆）

注：根据上险数据整理。

3. 插电式混合动力汽车节能减排效果减弱

插电式混合动力汽车应用于私人用户，平均油耗具有明显优势，一般比同级别传统汽车低40%左右；较之混合动力车型，由于插电式混合动力汽车油、电使用的独立性，使用条件友好，在日常通勤、市内短距离交通等常规使用场景下，能够充分发挥其纯电驾驶模式的独特优势，比之混合动力车型实际节油效果明显，相较于纯电动车型在典型的出行场景中，节能效果相当。但当插电式混合动力汽车应用于运营时，其节油效果将大大弱化。

从适用性看，插电式混合动力汽车非常适合冬季低温和高寒地区使用。但如果缺乏基础设施支持，插电式混合动力汽车的节能减排效果将大打折扣。

4. 新能源汽车市场化发展亟需能够弥补补贴退坡的措施

国家财政补贴政策的退坡以及电池包在整车中的成本占比仍然居高不下、充电的便利性问题尚未得到解决、动力蓄电池冬季剩余电量缩水、电池包存在安全隐患以及纯电动汽车二手车残值较低等问题，是困扰纯电动汽车进一步发展的主要因素，纯电动汽车与同级别燃油汽车相比，还缺乏明显的竞争优势。

5. 燃料电池汽车市场化任重道远

首先，总体投入不足，与国外差距较大。燃料电池电堆和系统的性能、技术成熟度与国际一流水平有较大差距。基础研究、企业产品开发投入不足，研发、产业化能力薄弱、碎片化，催化剂、质子交换膜、膜电极等关键材料，以及空压机、氢循环泵等系统关键部件研发、工程化水平较低。

其次，车用氢能供应体系尚未形成。从氢制取、储运到加氢站的建设、运营，再到政府管理的多个环节没有打通，副产氢和清洁可再生能源没有充分利用，车用高纯氢资源缺乏，加氢站缺乏审批流程和统一规范，制氢、储运氢、加氢站建设和运营成本高，氢气使用成本与传统汽车相比没有优势。

（三）新能源汽车技术路线相关问题对策

1. 国家应以能源结构、能源安全、整车能耗、污染物排放、碳排放等几大核心为抓手，进行宏观调控

能源结构调整是我国能源发展面临的重要任务之一，也是保证我国能源安全的重要组成部分。发展新能源汽车有助于调整我国能源结构，即减少对石化能源资源的需求与消费，降低对国际石油的依赖，降低煤炭等石化能源的消费比重，同时有助于大力发展水电、风电、太阳能、地热能等可再生能源，有助于环保事业的发展。

2. 在技术方面保持中立，如果涉及技术指标的调整，则需要政府给企业预留足够的开发、试验、公告等时间周期

国家应以节能环保为政策目标，在细分技术领域，应支持多技术路线协同发展。对于新能源行业各企业，因各企业的技术积累、技术团队规模、所在地区等不同，应充分给予企业在技术路线上的自主决定权，让市场选择技术路线。

国家新能源财税政策应降低调整频度，要给企业预留足够的时间进行产品研发、试验和验证，让企业有足够的时间做好产品质量，促进新能源汽车的良性发展。

3. 政策创新，加快推进和完善车电分离商业模式

车电分离模式可分为车电金融分离模式和车电物理分离模式，其中，车电物理分离模式按电池更换的频次，又可分为高频换电模式（市场上常说的换电模式）和低频换电模式。

（1）高频换电模式

高频换电模式是指在一定周期内（如每天、每周或每月）至少一次或多次到换电站通过快速更换电池包为车辆进行能量补充的模式。目前该模式主要应用于纯电动汽车，从运营端（公交、出租、网约车等领域）起步，面向私人用户进行推广。因该模式具有高频次、快速（1~5min）更换电池包的特征，面临着政策法规、换电标准、换电站基础设施建设等问题。

1）政策法规：因该模式的电池包无法与换电车辆进行对应，故用于换电车辆的车体（不含电池部分）和电池包需要单独开具发票。虽然个别企业宣称可以对车体和电池包分别开票，但根据《机动车发票使用办法》，如果电池包被认定为是"整备车辆"的一部分，则单独开票就存在违规风险。

2）换电标准：目前，国家、行业、团体正在加速推进换电标准的编制工作，旨在推进换电平台、换电技术、换电电池包等标准的研究和制定。但因各企业的产品平台、车身形式、尺寸等不同，难以进行兼容，要

形成统一的换电标准并执行，预计还需要较长的时间。

3）换电站基础建设：换电站与充电站相比，需要更多的投资，通常在一线城市要建设单个换电站的费用（含配套的电池包）都在100万元以上。为了保证换电的便利性，每个城市通常都会建设多个换电站，而后续换电站还面临着大量的运营和维护费用。如果是私人消费者的高频换电模式，考虑到消费者的外出公务、旅游等使用场景，还需要在重点高速公路或省级公路上建设换电站，这对换电站的场点布局、建设规模、维修要求等，都会提出更多的要求。

（2）低频换电模式

低频换电模式，是指在较长周期内（如半年、一年等）需要对电池包进行更换的一种模式。该模式主要是因车主出行里程需求变化（日常出行里程变长或变短）、车辆检修、动力蓄电池技术进步导致动力蓄电池升级等原因，原有电池包与车主的实际使用需求不匹配而进行的电池包更换。因该模式对动力蓄电池能量补充的需求较低，故无须建设专门的换电站，也不要求多个车企采用统一的换电技术、换电接口，只需要对现有4S店的维修设备进行简单的升级及必要的人员培训即可，因此有助于减少基础设施的投资和维护成本。但低频换电模式同样面临着车体（不含动力蓄电池部分）和电池包需要单独开具发票的问题。

4. 加大公共服务领域的新能源汽车更新力度

公共服务领域主要包括城市公交、出租、环卫、公务、邮政快递、城市物流、机场、港口等领域车辆，这些领域要鼓励优先使用新能源汽车，给广大潜在消费者做好示范。同时，增加政府行政用车、公务用车的新能源车型采购数量，这样既可以践行可持续发展的理念，做好表率，还有助于增强潜在消费者的购买信心。

5. 加大在新能源汽车使用阶段和保有阶段的支持力度

在使用阶段，可以给予新能源车型一定的交通路权，如在特定的时间段允许新能源汽车使用公交专用车道，同时建议在全国范围内给予新能源车型不限行等路权；在使用费用上，给予新能源汽车高速过路费、过桥费及停车费减免政策。在基础设施方面，加大基础充电设施建设和联网运营，对新能源汽车给予一定的充电补贴，提高私人新能源汽车车主的使用积极性。

6. 加快充电基础设施建设

2020年3月4日，中共中央政治局常务委员会会议明确要求加快新能源充电桩等新型基础设施建设。新基建将促进充电设备生产商、充电运营商以及新能源汽车企业的良性发展。充电基础设施的普及，将有力促进纯电动汽车的普及。

7. 在燃料电池汽车方面，建议"政策引导、政府搭台、企业唱戏"三位一体，联合发力

首先，在政策方面，需要出台针对氢燃料电池乘用车的顶层政策设计，进一步明确国家战略方向，完善政策支持体系，并对各地氢燃料电池企业的发展情况进行摸底，对氢燃料产业链的缺失环节或薄弱环节进行预警，并出台鼓励政策。其次，各地政府要因地制宜地利用各自优势，并根据国家发布的氢燃料电池企业的摸底情况，引导和培育当地与氢燃料产业链相关的企业做精做强，避免重复投资、无效投资。再次，氢燃料电池产业链上的企业应根据企业的实际情况，在确保本企业正常运营的前提下，积极选择向上突破的技术路径，强化本企业的优势，共同做大做强氢燃料电池汽车产业。最后，技术是产品的核心竞争力，要给予氢燃料电池相关企业研发支持。对于氢燃料电池核心零部件，建议购买时给予增值税减免政策。

三、新能源汽车市场结构分析

（一）国内外新能源汽车销量对比

当前，世界能源正进入低碳化发展阶段，新一轮能源技术革命将推动各行业快速转型，汽车产业作为全球工业重要的组成部分，随着各国和部分大城市逐步公布禁售传统燃油汽车计划，全球汽车产业正在加速向新能源转型，具体见表2-1-2。

表2-1-2 全球部分国家或地区燃油汽车禁售计划

国家或地区	提出时间	禁售时间	禁售范围
罗马	2018年	2024年	柴油汽车
挪威	2016年	2025年	汽油汽车、柴油汽车
巴黎、马德里、雅典、墨西哥	2016年	2025年	柴油汽车
德国	2016年	2030年	内燃机汽车
荷兰	2016年	2030年	汽油汽车、柴油汽车
印度	2017年	2030年	汽油汽车、柴油汽车
美国加州	2018年	2029年	汽油汽车、柴油汽车
爱尔兰	2018年	2030年	汽油汽车、柴油汽车
以色列	2018年	2030年	汽油汽车、柴油汽车
英国	2020年	2035年	汽油汽车、柴油汽车
法国	2017年	2040年	汽油汽车、柴油汽车
中国（海南）	2018年	2030年	汽油汽车、柴油汽车

注：根据公开信息整理。

近些年来，全球新能源汽车行业进入了快速发展阶段，当前，在中国、美国、德国、日本等主要新能源汽车促进国的带动下，全球新能源汽车市场进入高速成长期，新能源乘用车销量在2015—2018年间连续4年增速超过50%。2019年全球新能源汽车销量为203万辆，渗透率上升至2.3%；2020年全球销量298万辆，渗透率提升至3.9%，如图2-1-5所示。

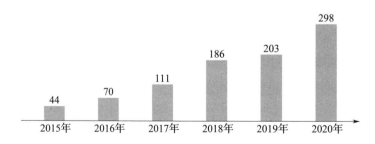

图2-1-5 2015—2020年全球新能源汽车销量（万辆）

注：数据来源于MarkLines。

从全球来看，主要经济体的 2020 年全球新能源乘用车（BEV/PHEV/FCV）销量为 296 万辆，其中，中国、美国、欧洲、日本及其他国家/地区分别销售 136.7 万辆、32.8 万辆、139.5 万辆、3.1 万辆、14.9 万辆，对应分别占比 41.27%、10.12%、43.06%、0.96%、4.59%。欧洲地区市场份额 2020 年迅速增长，从 2019 年的 24% 提升至 2020 年的 43.06%；我国市场份额从 2018 年的 58% 下滑至 2019 年的 56%、2020 年的 41.27%，先发优势在逐步减小。具体如图 2-1-6 所示。

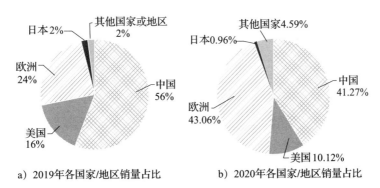

a) 2019年各国家/地区销量占比　　b) 2020年各国家/地区销量占比

图 2-1-6　新能源乘用车全球主要经济体销量占比

注：数据来源于 MarkLines。

从世界主要经济体的新能源汽车细分结构来看，纯电动逐步成为主要的能源技术形式，纯电动汽车销量成为汽车市场的主导，从中美德日 2019 年、2020 年的销量数据来看，德国成为增长最快的发达经济体，日本为负增长，中美保持低速增长，具体见表 2-1-3。

表 2-1-3　中美德日新能源乘用车不同技术路线销量对比

国家	类别	2019 年/辆	2020 年/辆	累计同比
美国	BEV	235989	260283	10%
	PHEV	84123	71562	-15%
	FCV	2089	937	-55%
	合计	322201	332782	3%

（续）

国家	类别	2019 年/辆	2020 年/辆	累计同比
德国	BEV	61312	184383	201%
	PHEV	45373	219958	385%
	合计	106685	588936	452%
日本	BEV	20424	12976	-36%
	PHEV	14855	11281	-24%
	FCV	644	717	11%
	合计	35923	24974	-30%
中国	BEV	833423	995397	19%
	PHEV	226106	246733	9%
	合计	1059529	1242130	17%

注：数据来源于 MarkLines。

从全球新能源汽车品牌及车型来看，2020 年，特斯拉 Model 3 作为最畅销的新能源车型，占据了新能源汽车总销量的 18%。五菱宏光 MINI 和雷诺 ZOE 分别居第二和第三位，全球销量排名前 10 的车型见表 2-1-4。

表 2-1-4　2020 年全球新能源乘用车销量排名前 10 的车型

排名	车型	销量/辆	占比
1	特斯拉 Model 3	352353	11.9%
2	五菱宏光 MINI	127651	4.3%
3	雷诺 ZOE	101100	3.4%
4	特斯拉 Model Y	70527	2.4%
5	上海大众 ID.3	55821	1.9%
6	日产聆风	53833	1.8%
7	现代 Kona EV	51349	1.7%
8	大众 e-Golf	49353	1.7%
9	起亚 e-Niro	46828	1.6%
10	欧拉 R1	46774	1.6%

注：数据来源于 MarkLines。

从中美德日主要销售国来看，中国和美国主要以特斯拉 Model 3 领先，德国和日本主要以属地化车型领先。中美德日四国纯电动和插电式混合动力销量前 5 和前 3 车型排名见表 2-1-5。

表 2-1-5 中美德日 2020 年新能源乘用车主销车型销量

类别	排名	销量/辆							
		中国		美国		德国		日本	
EV	1	特斯拉 Model 3	137459	特斯拉 Model 3	118600	雷诺 ZOE	30376	日产聆风	11286
	2	宏光 MINI	127651	特斯拉 Model Y	68900	大众 e-Golf	17438	三菱 iMiEV	1185
	3	欧拉 R1	46774	雪佛兰 Bolt	20754	特斯拉 Model 3	15202	本田-E	427
	4	广汽埃安	46091	特斯拉 Model S	10500	上海大众 ID.3	14493	—	—
	5	比亚迪秦 PRO	41621	日产聆风	9564	现代 Kona EV	14008	—	—
PHEV	1	理想 ONE	32624	丰田普锐斯	14525	奔驰 E300el	15718	丰田普锐斯	6271
	2	宝马 530e	23463	大捷龙 PHEV	5450	奔驰 GLC 350e	14945	三菱欧蓝德 PHEV	2694
	3	沃尔沃 XC60 T8	22260	奔驰 GLC 350e	4378	大众帕萨特 PHEV	14930	三菱奕歌 PHEV	1621

注：数据来源于 MarkLines。

（二）新能源乘用车和新能源商用车销量对比

2020 年，我国新能源汽车总销量达到 136.7 万辆，其中，乘用车销量达到 124.6 万辆，商用车销量达到 12.1 万辆，如图 2-1-7 所示。新能源乘用车渗透率逐年提升，但整体渗透率仍然较低；新能源商用车随着补贴退坡，渗透率从2017年起逐年下降，如图2-1-8所示。

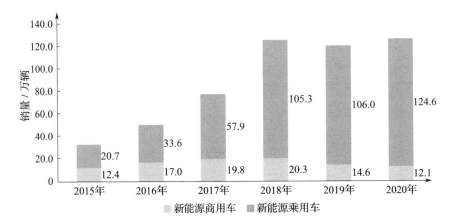

图2-1-7　2015—2020年我国新能源汽车销量

注：数据来源于中国汽车工业协会。

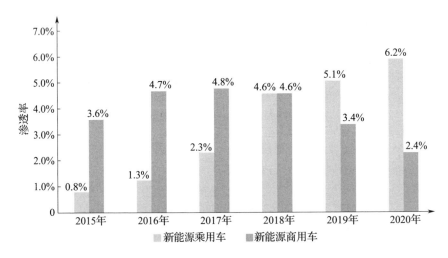

图2-1-8　2015—2020年我国新能源汽车渗透率

注：数据来源于中国汽车工业协会。

如图2-1-9所示，当前传统燃油乘用车消费者不选择新能源乘用车的四大核心因素如下。

1）里程焦虑：包括车辆实际的续驶里程、动力蓄电池衰减带来的心理焦虑和实际续驶里程与厂家宣传的续驶里程不一致。

2)使用便利性:续驶里程短带来的可能有需要频繁充电的问题;公共充电设施较少及充电不便利;充电时间长;由于小区环境不允许安装充电桩、没有停车位等问题影响充电便利性,从而影响消费者选购新能源汽车。

3)动力蓄电池技术:消费者关注的核心问题是动力蓄电池安全问题,其次是动力蓄电池的稳定性、可靠性和使用寿命,这直接影响车辆的使用。

4)价格和使用经济性:当前新能源汽车比传统燃油汽车售价高、新能源二手车残值低、更换动力蓄电池成本高等问题影响消费者选购新能源车型。

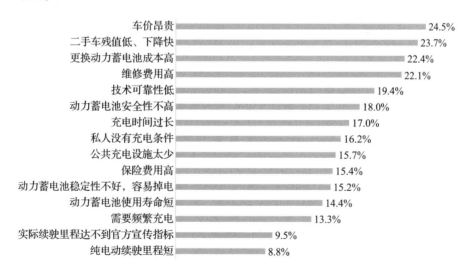

图2-1-9 消费者不选择新能源车型的原因

(三) 新能源乘用车销售结构分析

2015年以来,纯电动乘用车销量逐步提升,从2015年的9.6万辆、占比60%,提升至2020年的100万辆、占比73.2%,如图2-1-10所示;插电式混合动力乘用车销量从2015年的6.3万辆提升至2020年的24.7万辆,占比从2015年的40%下滑至2020年的18.1%,如图2-1-11所示。

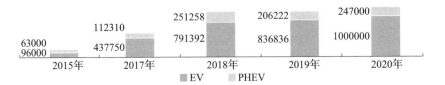

图 2-1-10　2015—2020 年新能源乘用车 EV 和 PHEV 车型销量

注：数据来源于中国汽车动力电池产业创新联盟。

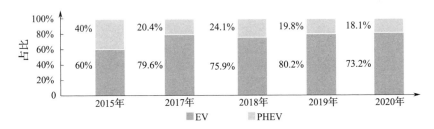

图 2-1-11　2015—2020 年新能源乘用车 EV 和 PHEV 车型销量占比

注：数据来源于中国汽车动力电池产业创新联盟。

目前，消费者最偏好的新能源乘用车类型是纯电动，对于增程式电动汽车（REEV）的认知比较模糊，71.2% 的现实用户不了解增程式电动汽车，接受度也较低，如图 2-1-12 和图 2-1-13 所示。

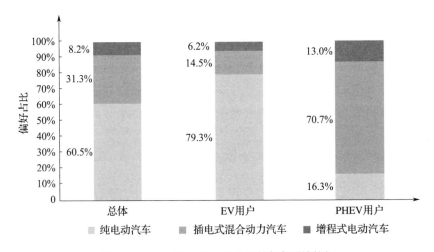

图 2-1-12　消费者对新能源汽车类型的偏好

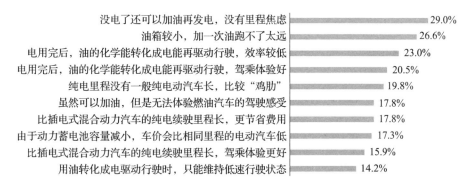

图 2-1-13 消费者对增程式电动汽车的印象

吸引消费者购买纯电动车型的因素有纯电动汽车使用经济、保养更简单、车内安静等,如图 2-1-14 所示;而选购插电式混合动力车型的消费者主要是因为该车型不存在里程焦虑、纯电技术仍不成熟等,如图 2-1-15 所示。

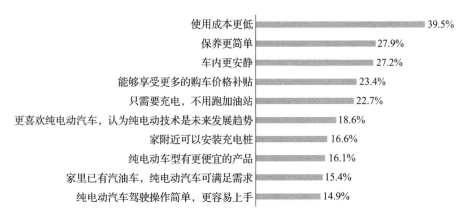

图 2-1-14 消费者购买纯电动汽车的原因

(1) 新能源乘用车城市分布结构

双限城市销量占比最高,2020 年占比为 41.6%;双不限城市的占比在逐年提升,从 2018 年的 30.9% 提升至 2020 年的 35.5%;仅限行城市的占比为 22%~25%,如图 2-1-16 所示。

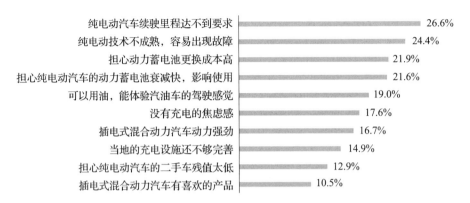

图 2-1-15　消费者购买插电式混合动力汽车的原因

图 2-1-16　2018—2020 年新能源乘用车销量城市分布结构

限行限购城市集中度较高：上海、北京、深圳、广州、天津、杭州 6 大城市为主，其中排名前三的城市销量超过 6 万辆，如图 2-1-17 所示。

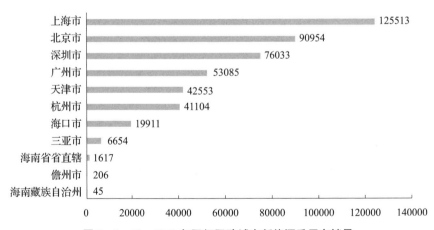

图 2-1-17　2020 年限行限购城市新能源乘用车销量

注：数据来源于中国汽车工业协会。

（2）新能源乘用车细分市场结构

新能源乘用车 A 级是主体，2020 年前三大细分市场分别为 A 级、A00 和 B 级。其中，A 级份额达到 46.7%，其次是 A00，份额为 28.1%；B 级及以上高端市场份额逐年提升，2020 年 B 级及以上累计占比约 20.4%，如图 2-1-18 所示。

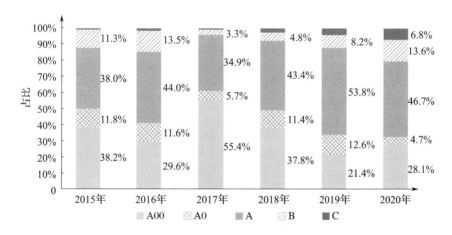

图 2-1-18　2015—2020 年新能源乘用车细分市场结构

注：根据公开信息整理。

从 EV 和 PHEV/REEV 细分能源结构来看，EV 排名前三的细分市场为 A、A00 和 B，PHEV/REEV 排名前三的细分市场为 A、C 和 B，如图 2-1-19 所示。

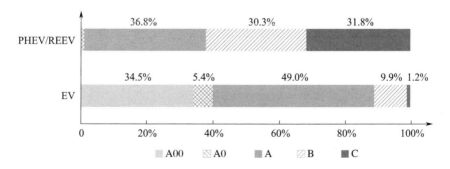

图 2-1-19　2020 年车型细分市场结构

注：根据公开信息整理。

2019年新能源乘用车以对公市场为主,占比52.6%,私人占比47.4%;2020年受到新冠肺炎疫情的影响,对公市场占比下滑至28.6%,而对私市场占比提升至71.4%,如图2-1-20所示。

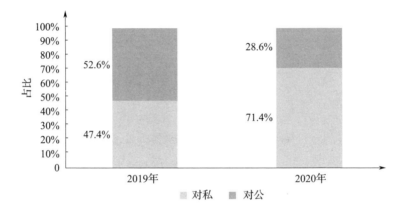

图2-1-20　2019—2020年新能源乘用车市场结构

注:根据公开信息整理。

当前对公市场以网约车为主且份额逐年提升,2020年网约车占比73.3%,分时租赁模式逐渐退出市场;在各地方政府的新能源政策要求下,出租车逐渐替换为新能源车型,销量逐渐提升,中长期将趋于稳定,如图2-1-21所示。

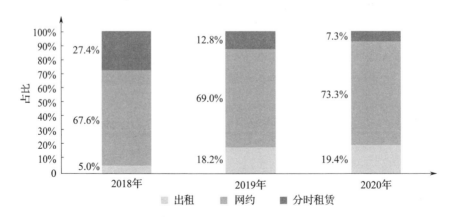

图2-1-21　2018—2020年新能源乘用车对公市场结构

注:根据公开信息整理。

(3) 新能源乘用车价格对比

新能源乘用车价格分布两极化,高端车型(售价高于 20 万元)份额逐年提升,2020 年占比 35.9%,低端车型(售价低于 8 万元)趋于下滑,2020 年占比 21.7%;中端市场(售价 10 万~20 万元)占比 40.8%,如图 2-1-22 所示。

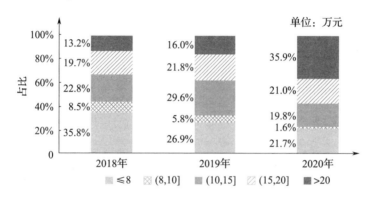

图 2-1-22 2018—2020 年新能源乘用车价格结构

注:根据公开信息整理。

当前,插电式混合动力汽车相较于传统燃油动力汽车价格高 50%~70%,合资高端车型本身具有较高的溢价水平,例如途观插电式混合动力车型的价格和燃油车型相当;自主品牌纯电动车型相较传统燃油车型价格高 70%~90%,合资品牌以朗逸为例,其纯电动车型价格和传统燃油车型价格相当,见表 2-1-6。

表 2-1-6 我国新能源车型价格　　　　(单位:万元)

车型	传统燃油	插电式混合动力	纯电动
比亚迪唐	16.58	23.68~28.68	27.95~31.48
大众途观 L	21.98~28.58	26.58~27.58	—
大众朗逸	11.29~15.89	—	14.89
丰田卡罗拉	11.98~14.58	21.48~23.08	—
比亚迪秦 Pro	7.98~11.58	13.68~20.49	14.99~20.49
吉利帝豪	6.98~9.18	—	13.58~15.98

注:根据公开信息整理。

（4）新能源乘用车主要车企表现

随着合资和豪华品牌车型的推出，合资和豪华品牌份额逐渐提升，自主品牌份额遭受挤压，2020年自主品牌占比75.2%，豪华品牌占比16.5%，合资品牌占比8.3%，如图2-1-23所示。

图2-1-23　2015—2020年新能源乘用车品牌结构

注：根据公开信息整理。

从车企表现看，2020年新能源乘用车累计销量突破10万辆的企业有三家，如图2-1-24所示。其中，上汽集团累计销量308182辆，在宏光MINI的助力下稳居年度销量冠军；比亚迪汽车2020年累计销量183229辆，夺得年度销量亚军；特斯拉2020年累计销量达137459辆，位居第三；2020年造车新势力企业销量表现较好，特斯拉中国、江淮（蔚来）、理想、威马、小鹏五家企业实现了销量破万，江淮（蔚来）以50135辆的销量占据造车新势力的第二排名，如图2-1-25所示。

图2-1-24　2020年新能源乘用车销量车企排行榜

注：数据来源于中国汽车工业协会。

从品牌车型来看，特斯拉Model 3、上汽通用五菱宏光MINI、广汽AION S分别占据纯电动汽车前三位，理想ONE、宝马530e和比亚迪唐分别占据插电式混合动力/增程式电动汽车细分市场前三位，见表2-1-7。

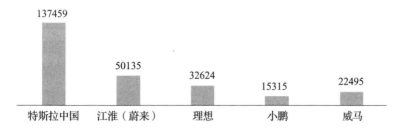

图 2-1-25　2020 年主要造车新势力销量

注：数据来源于中国汽车工业协会。

表 2-1-7　中国新能源乘用车主要车型销量及占比

类型	排名	车型	销量	占比
EV	1	Model 3	135449	14.6%
	2	宏光 MINI	119255	12.9%
	3	AION S	41219	4.5%
	4	比亚迪秦	40229	4.3%
	5	奇瑞 eQ	38249	4.1%
	6	欧拉黑猫	37402	4.0%
	7	蔚来 ES6	28772	3.1%
	8	比亚迪汉	27961	3.0%
	9	威马 EX5	22236	2.4%
	10	北汽 EU 系列	19151	2.1%
PHEV/REEV	1	理想 ONE	32624	15.6%
	2	宝马 530e	25694	12.3%
	3	比亚迪唐	21219	10.1%
	4	帕萨特 PHEV	16923	8.1%
	5	途观 LPHEV	11870	5.7%

注：数据来源于中国汽车工业协会。

（四）新能源商用车销售结构分析

新能源商用车以纯电动为主，2020 年纯电动车型占比 95.9%，插电式混合动力车型占比 4.1%，如图 2-1-26 所示。2020 年新能源客车占比 64.4%，货车占比 35.6%，如图 2-1-27 所示。

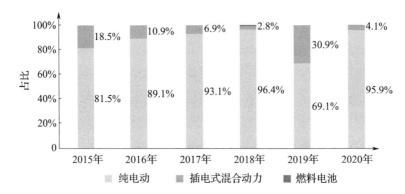

图 2-1-26　2015—2020 年新能源商用车动力类型市场结构

注：数据来源于中国汽车工业协会。

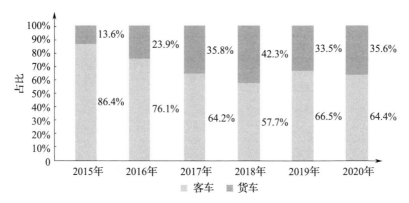

图 2-1-27　2015—2020 年新能源商用客货车占比

注：数据来源于中国汽车工业协会。

四、新能源汽车各车型市场化发展对策研究

（一）新能源客车发展对策

1. 新能源客车市场现状

新能源客车是商用车领域最早推广新能源汽车的市场，新能源客车十几年的发展积累了相对完善的、指向采购和运营的配套政策，新能源客车市场从需求规模到使用的理性状态，再到整车企业的技术路线选择，都基本形成了相对合理的发展模式。

(1) 新能源客车市场整体情况

新能源客车经过多年发展，渗透率已经超过50%，是商用车领域新能源汽车占比最高的细分市场，如图2-1-28所示。

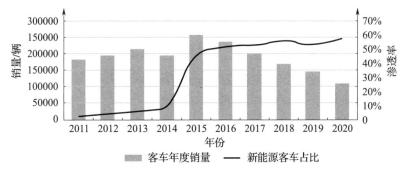

图2-1-28 客车年度销量及新能源客车渗透率走势

注：根据车辆上险数整理。

自2015年以后，新能源客车占客车市场年销量的占比维持在50%以上水平。2019年6m以上客车市场总量为14.6万辆，其中新能源客车约7.8万辆，新能源客车占比53%，2020年这一比重上升至55%。

根据保有量数据，截至2019年12月30日，所有在运营的客车数量约180万辆，其中新能源客车保有量约51万辆，新能源客车保有量占比达28%。

伴随着客车整体市场销量的萎缩，以及补贴标准调整和额度退坡，新能源客车销量规模在2016年达到顶峰后逐年下降，见表2-1-8。

表2-1-8 近10年新能源客车销量及增长率走势

项目	年份									
	2011	2012	2013	2014	2015	2016	2017	2018	2019	2020
6m以上客车总量/辆	182525	192200	214239	195879	257851	236105	201888	168483	146366	108403
新能源客车/辆	3325	6784	12061	18281	117368	121559	106036	92388	77733	62228
新能源客车占比（%）	1.8	3.5	5.6	9.3	45.5	51.5	52.5	54.8	53.1	57.4
新能源增长率（%）	—	104.0	77.8	51.6	542.0	3.6	-12.8	-12.9	-15.9	-19.9

注：根据车辆上险数整理。

(2) 新能源客车市场需求特点

1) 新能源客车产品结构。在新能源客车中,公交客车占比逐年增长并超过90%,公路客车由2015年的38%下降至2020年的4%左右,其他种类新能源客车较少,见表2-1-9。

表2-1-9 新能源客车产品结构走势

项目		年份					
		2015	2016	2017	2018	2019	2020
新能源客车合计		117368	121559	106036	92388	77733	62228
销量/辆	公交客车	72760	88057	88811	86832	73807	59757
	公路客车	44608	33502	17225	5556	3926	2471
占比(%)	公交客车	62.0	72.4	83.8	94.0	94.9	96.0
	公路客车	38.0	27.6	16.2	6.0	5.1	4.0

注:根据车辆上险数整理。

2) 技术路线。经过多年发展,纯电动客车已经成为新能源客车的主流需求,年需求量占比达到当年新能源汽车总量的90%左右,插电式混合动力和燃料电池客车作为补充,满足不同地理与资源特征的区域性客运需求,见表2-1-10。

表2-1-10 新能源客车技术路线结构走势

项目		2015年	2016年	2017年	2018年	2019年	2020年
新能源客车合计		117368	121559	106036	92388	77733	62228
销量/辆	BEV	91798	103300	90009	85959	72313	55799
	PHEV	25570	18230	15911	6034	4247	5076
	FCV	0	29	116	395	1173	1353
占比(%)	BEV	78.2	85.0	84.9	93.0	93.0	89.7
	PHEV	21.8	15.0	15.0	6.5	5.5	8.2
	FCV	0.0	0.0	0.1	0.4	1.5	2.2

注:根据车辆上险数整理。

插电式混合动力产品在推广之初,占据新能源客车的技术路线主导地位,但2014年之后随着补贴政策调整,混合动力补贴的节油率技术标准提高，补贴金额大幅下降，混合动力需求逐年减小，2019年占比不足6%；燃料电池客车需求增长快，但仍处于个别区域示范期，需求规模短期内仍较小，如图2-1-29所示。

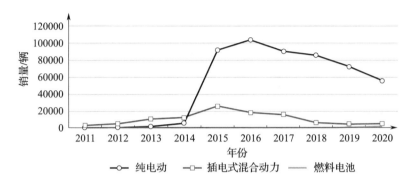

图2-1-29　2011—2020年新能源客车技术路线销量走势

注：根据车辆上险数整理。

3）各类产品的新能源渗透率及需求特征。

首先，公交客车基本实现新能源化，公路客车的新能源渗透率则随着补贴退坡逐年下降，见表2-1-11。

公交客车的年采购更新需求基本实现了新能源化。公交客车主要承担县级及以上城市的城区公共交通出行，一直是城市治理拥堵和推行绿色环保出行的重要抓手之一，运营主体多有国资背景，且多能获得来自中央及地方政府的运营补贴。2015年后，公交客车的新能源渗透率保持高位，虽然近几年年需求量与总需求量一并下降，但新能源渗透率呈稳定上升趋势，目前新能源占比已经达到98%。

公路客车新能源占比相对较低。公路客车主要由区域客运公司、旅游或租赁公司运营，承担城市之间及城乡之间的道路旅客运输任务，虽然也承担了民生的公益功能，但市场化经营，自负盈亏，基本没有来自政府的补贴。由于新能源汽车在全国范围推广初期，针对客车的补贴额度高、补贴技术标准相对较低，公路客车新能源占比在2016年达到高峰（43%），但后续几年由于补贴标准的不断调整，公路客车又没有针对新能源公交客车的运营补贴，新能源占比逐年下降，2020年公路客车新能源占比已经下降至5%左右。

表 2-1-11 各类新能源客车的渗透率

产品类别	能源类型	2016 年	2017 年	2018 年	2019 年	2020 年
公交客车	传统能源销量/辆	12388	12346	4953	2189	873
	新能源销量/辆	88057	88811	86832	73807	59757
	新能源占比（%）	87.7	87.8	94.6	97.1	98.6
公交客车销量合计/辆		100445	101157	91785	75996	60630
公路客车	传统能源销量/辆	77890	63982	55792	54438	2471
	新能源销量/辆	33502	17225	5556	3926	45302
	新能源占比（%）	43.0	26.9	10.0	7.2	5.2
公路客车销量合计/辆		111392	81207	61348	58364	47773

注：根据车辆上险数整理。

其次，新能源公交客车重点集中在 8~9m、10~11m、12m 三个长度段车型，占比超过 80%；新能源公路客车重点集中在 6~7m、8m、9m、10m、11m 三个长度段车型，占比 60%~84%，见表 2-1-12。

（3）新能源客车市场发展趋势及原因分析

新能源客车市场发展驱动力分析：技术已经基本满足场景运营需求，且得到市场认可，但新能源客车的采购成本与使用回报仍难以与传统燃油汽车抗衡。

首先，可靠的技术基础以及对客车大部分运营场景的高适应性，是新能源客车市场近年能够稳定发展的基础。

从新能源客车的销量走势可以看出，经过几年的推广应用，对于大部分相对固定线路运营的客车应用场景而言，新能源客车具有绿色、节能、高效的运营特点，能够满足不同场景的运营需求，新能源客车在技术和应用层面基本得到市场端的认可。

就城市公交场景的运营特征以及城市公益属性而言，公交客车最适合使用新能源车型。公交客车的运营场景大致分为主干线、干线、支线、微循环线四大类，这些线路均比较固定，线长平均约为 10km，且起止点一般为城区，这为纯电动客车的续驶里程设计以及充电配套设施的建设提供了较便利的条件，见表 2-1-13。

表 2-1-12 新能源客车产品长度系列结构

项目			2016 年		2017 年		2018 年		2019 年		2020 年	
产品类别	新能源路线	产品长度系列	销量	占比(%)	销量	占比(%)	销量	占比(%)	销量	占比(%)	销量	占比(%)
公交客车	纯电动	13.7m 及铰接车	799	0.9	230	0.3	288	0.3	203	0.3	217	0.4
		12m 系列	5396	6.1	9097	10.2	7863	9.1	7674	10.4	5963	10.0
		10~11m 系列	19222	21.8	29965	33.7	35040	40.4	25845	35.0	19876	33.3
		8~9m 系列	40367	45.8	32220	36.3	33836	39.0	30218	40.9	21412	35.8
		6m 系列	4944	5.6	1825	2.1	3467	4.0	4880	6.6	5875	9.8
		纯电动汇总	70728	80.3	73337	82.6	80494	92.7	68820	93.2	53343	89.3
	插电式混动	13.7m 及铰接车	—	0.0	63	0.1	—	0.0	450	0.6	486	0.8
		12m 系列	5943	6.7	5801	6.5	1659	1.9	1338	1.8	1993	3.3
		10~11m 系列	8940	10.2	6745	7.6	2941	3.4	1499	2.0	1947	3.3
		8~9m 系列	2417	2.7	2661	3.0	1434	1.7	960	1.3	646	1.1
		6m 系列	—	0.0	200	0.2	—	0.0	—	0.0	—	0.0
		插电式混动汇总	17300	19.6	15470	17.4	6034	6.9	4247	5.8	5072	8.5
	燃料电池	12m 系列	5	0.0	1	0.0	63	0.1	308	0.4	245	0.4
		10.5m 系列	24	0.0	3	0.0	128	0.1	153	0.2	265	0.4
		8m 系列	0	0.0	0	0.0	113	0.1	279	0.4	832	1.4
		燃料电池汇总	29	0.0	4	0.0	304	0.4	740	1.0	1342	2.2
城市客车汇总			88057	100.0	88811	100.0	86832	100.0	73807	100.0	59757	100.0

(续)

产品类别	项目		2016年		2017年		2018年		2019年		2020年	
	新能源路线	产品长度系列	销量	占比(%)	销量	占比(%)	销量	占比(%)	销量	占比(%)	销量	占比(%)
公路客车	纯电动	12m系列	47	0.1	422	2.4	13	0.2	70	1.8	—	0.0
		11m系列	7021	21.0	6259	36.3	1838	33.1	1213	30.9	1346	54.5
		10m系列	6188	18.5	7282	42.3	2089	37.6	991	25.2	232	9.4
		9m系列	30	0.1	21	0.1	109	2.0	263	6.7	51	2.1
		8m系列	5457	16.3	2135	12.4	1285	23.1	726	18.5	423	17.1
		6~7m系列	13829	41.3	583	3.4	217	3.9	663	16.9	404	16.3
	纯电动汇总		32572	97.2	16702	97.0	5551	99.9	3926	100.0	2456	99.4
	插电式混动汇总		930	2.8	441	2.6	—	0.0	—	0.0	15	0.6
城间客车汇总			33502	100	17225	100	5556	100	3926	100	2471	100

注：根据车辆上险数整理。

表 2-1-13 城市公交客车主要应用场景工况特征

城市及线路		运营特点			
		线路长度/km	日运行里程/km	日运行时间	线路是否固定
特大城市	主干线	≥20	200~250	5:30—23:00 循环运营	是
	支线	15~20	150~200	6:00—22:00 循环运营	是
	城郊线路	≥30	300~500	5:30—22:00 循环运营	是
	社区微循环	5~10	50~100	6:30—22:30 循环运营	是
大型城市	主干线	15~20	150~200	5:30—22:30 循环运营	是
	支线	10~15	100~150	6:00—22:00 循环运营	是
中等城市	干线	10~15	100~150	6:00—21:00 循环运营	是
	支线	5~10	50~100	6:00—21:00 循环运营	是
小型城市	干线	5~10	50~100	6:00—21:00 循环运营	是

公路客车的大部分运营场景也相对固定，但单线运距一般会长于公交客车，尤其是中长途客运，主要是高速公路行驶工况，对纯电动客车续驶里程以及充电补电会有焦虑，因此，目前这也是导致公路客车新能源渗透率较低的原因之一。对于用作企业班车、景区通勤、短途旅游班线的公路客车，目前的新能源客车技术已经完全能够满足应用需求，且具有相对较好的使用口碑，技术和配套的完善度对这部分场景车辆的完全新能源化已经没有障碍，如图 2-1-30 所示。

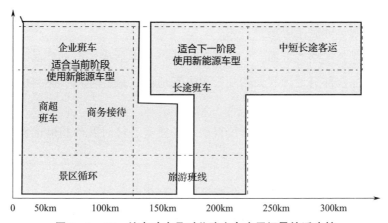

图 2-1-30 纯电动产品对公路客车应用场景的适应性

其次，采购成本与使用收益的平衡，是国内新能源客车未来长期发展的核心驱动力。

国内新能源客车渗透率虽然较高，但销量规模与政策走势强相关，需求仍主要受政策推动，有政策、有补贴，才有旺盛的需求。新能源客车需求规模与政策补贴的联动，表明在新能源客车采购成本仍显著高于传统能源客车的前提下，新能源客车的使用收益仍难以与传统能源客车拉开明显的差距，导致终端运营商更加看重首次支付成本，因而采购规模随着补贴额度的下降而减小。

由于公交客车一般能够享受到来自中央及各级政府的运营补贴，在运营过程中，基本能够弥补初始购车支出中超过传统能源客车的成本，且城市公交采购还较多获得政府的补助，公交领域的新能源渗透率保持着高位水平。但在公路客车市场，以市场化主体面对新能源和传统能源的采购抉择，这种新能源车型采购比例随着补贴下降和退出而下降的现象，会表现得非常明显。

最后，对新能源客车市场发展趋势预测如下：公交客车仍保持较高新能源渗透率，公路客车会缓步扩大使用规模。

延续当前的运营条件（公交客车有运营补贴，采购补贴退出等），在没有其他产业政策的干预下，预计公交客车仍将保持95%以上的新能源渗透率；随着新能源车型采购成本逐渐下降到盈亏平衡点，加之充电设施的普及，公路客车新能源车型使用率会缓慢由旅游、通勤、短途客运等用途向中长途客运和旅游等场景扩大。

在产品技术路线方面，全国客车市场将基本形成纯电动产品为主、混合动力产品在部分地理和天然气资源丰富地区区域性使用、燃料电池客车逐步扩大示范规模的形势。

在充电路线方面，仍将延续目前市场接受且经过几年检验的路线：慢充为主，快充为辅。

2. 新能源客车市场化发展影响因素分析及评估

新能源客车近几年虽然得到了快速发展，但是表面的繁荣也掩盖了一些问题，这体现在总量很高但质量参差不齐，整车集成、智能化及关键零部件技术等还存在较大提升空间。

（1）政策变化快，技术指标存在不确定性

新能源政策是市场需求持续的直接催生和推动因素，在一系列补贴、优惠、推广政策的促进下，新能源客车市场从无到有，并随着新能源政策调整节奏，订单量起起伏伏。政策变化带来以下问题。

1）新能源补贴政策更新带来技术指标升级，已进入推荐目录的新能源客车大多不满足新政策技术标准，因此须重新上公告，由此产生了大量上公告费用，增加了企业资金压力。

2）为满足新政策技术标准，客车企业被迫缩短产品开发周期，导致新产品验证不足，质量难以保证，出现将市场当作试验场的不健康发展状况，导致用户使用体验差且存在安全隐患。由于频繁开发新产品，企业投入大量研发成本，投入产出不成比例，企业利润降低。

3）产品的不断升级导致产品继承性差，配件服务供应难。动力蓄电池的技术标准逐年上提，前期市场车辆动力蓄电池性能衰减需要更换部件却无法满足产品一致性。

4）产品升级过快会导致市场端购车节奏放缓，客户持观望心态。

（2）国家补贴不及时，企业资金占用压力大

政策不断调整，技术指标和运营里程进行多次变化且逐年退坡，企业为了保持节奏，在政策变动之际会大量生产和销售，造成应收款和存货大量增加，产生产业链上下游连锁反应。中央补贴实行年初预拨、年终清算，地方补贴在中央补贴到位后才能拨付，也造成了应收款的增多，给企业带来巨大的资金压力。

（3）国家和地方对新能源公路客车补贴政策缺失

如前所述，新能源城市公交客车享有来自中央及各级政府的采购和运营补贴，基本能够很快弥补初始的购车支出中超过传统能源客车的成本，但公路客车不享有运营补贴，导致新能源公路客运车型推广应用较差。此外，随着补贴下降和退出，新能源车型采购比例下降的现象会愈加明显。

（4）相关基础设施不完善

充电桩、加氢站从布局、数量上还不能支撑新能源客车市场化发展需求，尤其是在大城市建设充电站、加氢站面临更严重的土地征用、政府审批等问题，难以满足纯电动客车的充电需求及燃料电池客车的加氢需求；另外，高速公路服务区充电等基础设施不完善，充电接口标准不统一，慢充模式效率低，极大地影响了新能源客车的采购积极性。

（5）新能源客车购车成本高

我国新能源客车需求规模与政策走势密切相关，政策补贴是新能源客车销量增加的主要驱动力。补贴退出后，新能源客车的采购成本仍显著高于传统能源客车，导致终端运营商更加看重首次支付成本而购买意愿降低。

3. 新能源客车市场化发展对策研究

（1）企业对策

1）合理选择技术路线。根据当前新能源技术路线，新能源客车主要分为纯电动客车、插电式混合动力客车和燃料电池客车。纯电动客车（包括慢充和快充式）仍为市场主要应用，其在新能源客车中占比超过85%。插电式混合动力客车对一些特定场景用户来说是较好的技术解决方案，但其占比仅为10%。氢燃料电池客车是未来发展的方向之一，能够解决使用者的里程焦虑问题，但受关键部件成本以及氢燃料相关基础设施建设进展的影响，目前仍未进入大规模商业应用。

对于校车，暂不讨论其新能源化问题。

新能源客车技术路线见表1-4-1和表1-4-2。

2）加强新能源客车产品核心技术研究。

（2）联合多方资源开展商业模式创新

具体见总报告四。

（3）政策建议

1）修改现有购置补贴发放规则，提前预拨给整车制造企业，减少企业资金占用。

2）政府对产品指标仅做中长期（至少两年）规划，补贴政策提前半年发布。

3）增加新能源公路客车运营补贴，鼓励客旅团车辆积极使用新能源车型。

4）加大充电桩等基础设施建设力度，在高速公路服务区、景区服务区、城市加油站等公共商用车辆通行区域配置适应性充电桩。

5）减免新能源公路客车道路通行费，降低用户使用成本。

6）通过路权倾斜、新购置车辆每年不低于一定比例强制使用新能源等政策，加大新能源汽车市场化推广。

7）针对新能源客车的车电分离制定政策细则，打通运行障碍。

8）健全行业标准规范体系。

（二）新能源乘用车发展对策

发展新能源汽车是我国汽车产业转型升级的重要支撑和必经之路，国家战略发展方向和路线清晰，但是我国地理环境复杂多样，南北气温相差较大，现阶段由于动力蓄电池物理特性影响，新能源汽车应针对不同地理区域采用差异化市场发展对策。

同时，考虑新能源汽车相比燃油汽车购置成本普遍较高、使用环境仍待完善、配套建设进展慢等，也需要政府层面在产业规划和产业管理层面给予一定支持。

1. 新能源乘用车市场现状概况

（1）市场规模不断扩大

新能源汽车作为国家汽车强国战略性选择，在宏观规划和产业政策的引导下，尤其是财税等综合政策体系的叠加效应下（据财政部统计，国家用于产业链前端整车厂购置补贴的资金已达1100亿元），十年来产业规模化效应已实现。2015—2020年，我国新能源汽车年度市场销量已连续五年位居全球第一，2015年28.52万辆，2018年一举突破120万辆，2020年达到136.7万辆，其中，新能源乘用车也保持在100万辆以上的水平，如图2-1-31所示。

图 2-1-31　新能源汽车年销量

注：数据来源于中国汽车工业协会。

近年来，随着行业企业及社会资本的大量涌入，新能源汽车全产业链投资逐年攀升，截至2019年，产业链投资额超过8000亿元，占汽车产业总投资的60%左右，占制造业总投资的5%左右[一]。我国新能源乘用车企业和产品数量也呈现爆发式增长，从2015年的24家126款发展到2019年的106家827款[二]，同时，根据国家发展改革委统计，2020年年底，新能源汽车整车产能将突破2000万辆。新能源汽车产业的快速发展也带动了上游动力蓄电池、驱动系统等关键零部件、材料和装备支撑能力显著提升，还促使下游新能源汽车运营及充电服务日趋活跃。

（2）2020年销量前10的企业分析

截至2020年12月，我国新能源乘用车销量前10的集团企业中，上汽集团以通用五菱和上汽乘用车的合力，一举拿下新能源乘用车销量冠军，特斯拉稳居第三，充分反映了其品牌和单车型的强大竞争力，见表2-1-14。

[一] 数据来源于中国汽车技术研究中心。
[二] 数据来源于汽车产品公告。

表 2-1-14　销量前 10 集团企业

序号	集团企业名称	2020 年度销量/辆
1	上汽集团	308182
2	比亚迪汽车	183229
3	特斯拉中国	137459
4	广汽新能源	77218
5	长城汽车	57421
6	江淮（蔚来）汽车	50135
7	一汽-大众	50114
8	上汽乘用车	46735
9	东风集团	46040
10	奇瑞汽车	43800

注：数据来源于中国汽车工业协会。

2. 新能源乘用车市场化发展影响因素分析及评估

1）市场结构问题。

新能源汽车目前处于市场化初期阶段，市场化程度依然较低。据统计，非政策性市场中，新能源汽车基本上占据 20% 左右的市场份额。

近几年，各企业加大在分时租赁及网约车等细分领域推广，导致分时租赁市场出现在 2017—2018 年暴增、2019 年大幅回落 77% 的现象；网约车市场在 2018 年、2019 年分别大幅增长 144%、77%。2020 年受新冠肺炎疫情影响，消费者对乘坐网约车和出租车等共享出行工具有安全担忧，在疫情期间，整体运营车辆出行需求大幅下降 50% 以上；疫情过后，出行复苏迹象仍未显现，导致网约车运营公司整体难以维持生计，根本没有购置新车的能力，2020 年 1-7 月，对公销量同比下降 59.4%，占比从去年的 51% 跌至 29%。

经济下行压力持续增大，同时叠加新冠肺炎疫情影响，私人消费力下降，低端对私市场萎缩。在双积分政策的作用下，跨国公司正纷纷发力中国新能源汽车市场，而这也会使自主品牌份额受到影响。

2）政策波动风险。

首先是补贴政策刺激了新能源汽车产业的迅速发展，但对汽车行业的市场竞争机制带来了一定的干扰；补贴政策技术条件每年调整以后，对造车企业的生产规划带来干扰，尤其是企业的长远规划；汽车产业的投入回报周期较长，未来补贴政策变化带来的成本核算不确定性就给企业增添了一定的决策难度。

基于更快恢复经济的考虑，各限购城市燃油汽车限购政策松动、购买及使用成本低位运行，抢占了部分新能源汽车市场需求。

同时，汽车产业也受到国家宏观系统性风险的影响，例如经济下行及中美贸易战等不确定性因素。

3）出租车等运营车辆的电动化率低。

4）消费市场认可度有待提高。

5）新能源汽车安全性有待提高。

6）消费应用环境仍需改善。

7）配套设施仍不完善。

8）产业链成本高，新能源整车企业经营压力大。

9）动力蓄电池技术更新迭代快，评估与梯次利用未成熟，新能源二手车残值低。

3. 新能源乘用车市场化发展对策研究

具体见总报告三。

（三）新能源货车发展对策

1. 新能源货车市场现状

（1）新能源货车市场概况

在政策红利的引导下，新能源货车市场呈爆发式增长态势，相应配套设施逐步完善，核心技术提高，为新能源市场推广营造了良好的环境。目前，新能源货车市场已经具备一定的规模，若按 5 年生命周期计算，则保有量达到 42.9 万辆，如图 2-1-32 所示。

图 2-1-32　2015—2020 年新能源货车销量及同比上一年

注：根据车管所上险数统计。

(2) 新能源货车市场特点

货车在国家经济建设和人们的日常生活中，承载着不同的功能定位和角色，经过多年的发展，已衍生出众多品类。新能源货车作为行业发展的新动向，受技术、成本、场景需求的约束，目前呈现如下特点。

1) 渗透率低。新能源货车在商用车总量中占比较低，2017 年销量最好，渗透率为 4%，但呈逐年下降趋势。2020 年新能源货车仅为 1.3%，如图 2-1-33 所示。

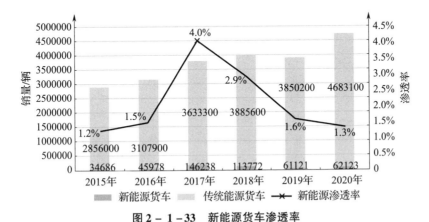

图 2-1-33　新能源货车渗透率

注：根据车管所上险数统计。

2) 技术路线发展不平衡。纯电动技术路线成为主流，氢燃料电池、插电式混合动力发展缓慢，如图 2-1-34 所示。

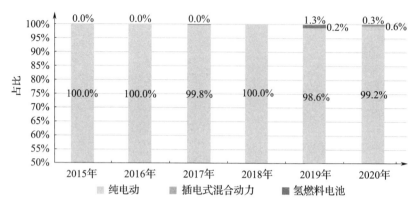

图 2－1－34　2015—2020 年新能源货车不同技术路线销量占比

注：根据车管所上险数统计。

3）用途不均衡。目前仍以物流、环卫为主，城建用车 2019 年开始销量呈上升趋势，如图 2－1－35 所示。

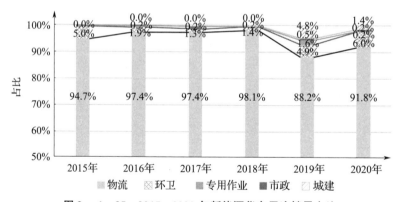

图 2－1－35　2015—2020 年新能源货车用途销量占比

注：根据车管所上险数统计。

4）车型不平衡。主要为小中 VAN、轻型货车（蓝牌）、微货车型为主，大 VAN、皮卡、轻型货车（黄牌）、中型货车、重型货车占比较小，如图 2－1－36 所示。

5）客户不平衡。组织或平台用户占比大，个人用户占比小。

6）区域不平衡。主要集中在一线及新一线城市，二、三线城市销量较少；华南、华东区域推广较好，其次为华北、华中、西南，东北最差，见表 2－1－15 和表 2－1－16。

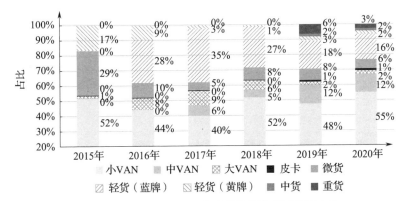

图 2-1-36 2015—2020 年新能源货车用途销量占比

注：根据车管所上险数统计。

表 2-1-15　2016—2020 年新能源货车城市销量　（单位：辆）

城市		2016 年	2017 年	2018 年	2019 年	2020 年	总计
一线城市	北京	5346	4085	5147	2913	3302	20793
	广州	56	4118	3790	2293	3928	14185
	上海	1055	3431	1961	488	877	7812
	深圳	2807	35843	22918	14335	14535	90438
新一线城市	成都	1348	6092	7231	6204	5269	26144
	重庆	38	3186	4349	359	1901	9833
	苏州	102	502	187	478	1923	3192
	天津	2239	6594	3374	876	1207	14290
	郑州	132	4327	4769	3471	2213	14912
	长沙	175	250	2000	1867	1979	6271
	海口	292	1217	342	563	564	2978
其他城市		32388	76593	57704	27274	24425	21838
总计		45978	146238	113772	61121	62123	42923

注：根据车管所上险数统计。

表 2-1-16　2015—2020 年新能源货车各行政区域销量及占比

（单位：辆）

区域	2015 年	2016 年	2017 年	2018 年	2019 年	2020 年	总计	总计占比(%)
东北	371	406	460	1231	292	275	3035	1
华北	7263	18786	15711	13324	5219	6340	66643	14
华东	8982	7691	33905	30012	15133	13400	109123	24
华南	10852	13191	48747	34780	19482	22953	150005	32
华中	3517	2855	20895	14301	9193	7307	58068	13
西北	1103	507	13051	5981	3724	2219	26585	6
西南	2598	2542	13469	14143	8078	9629	50459	11
总计	34686	45978	146238	113772	61121	62123	463918	100

注：根据车管所上险数统计。

2. 新能源货车市场化发展影响因素分析及评估

（1）国家补贴政策变化快，技术指标年年更新

1）产品开发周期短，产品质量不稳定。企业为应对每年技术指标提升，不断更新产品，导致产品开发周期缩短，整车试验验证不充分，产品设计及质量问题在开发时无法充分暴露出来，动力蓄电池、高压配电盒等核心电动化零部件一致性无法保证，导致整车品质降低，最终产品交付用户后使用体验差甚至存在安全风险。

2）企业投入大，产品生命周期短，投入产出不成比例。受每年技术指标生命周期影响，新能源货车每年需要更新产品技术指标，产品变更升级周期明显小于燃油货车排放法规升级周期。每个公告平均分摊销量也因生命周期缩短而降低，造成新能源货车整体公告利用率低。产品公告生命周期短，导致整车厂每年需投入大笔研发费用进行新产品的公告认证以及试验验证。

3）配件服务供应难。随着每年整车技术指标变更，产品开发更新频繁，引起电动化零部件也不断更新，不利于零部件通用化，造成备件储备困难，最终导致用户车辆维修周期长、费用高。

4）市场端购车受政策影响波动大。为应对每年新能源汽车补贴退坡及技术指标变更，根据新能源货车保险数据统计，在每年技术指标变更节点前以及第四季度出现车辆生产销售集中爆发现象，导致生产不均衡，供应商无法有序开展零部件生产准备，引起产品一致性降低，如图2-1-37所示。

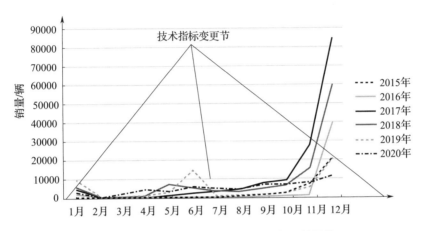

图2-1-37　新能源货车2015—2020年月销量情况

注：根据车管所上险数统计。

（2）补贴快速退坡，成本无法消化，导致企业利润空间压缩

以搭载90kW·h电量动力蓄电池、驱动电机额定功率60kW的4.5t纯电动物流车为例，随着每年中央补贴、地方补贴快速退坡，每年动力蓄电池降成本金额远低于补贴退坡金额，导致整车成本持续上升，如图2-1-38和表2-1-17所示。

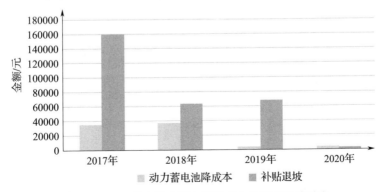

图2-1-38　单车动力蓄电池降成本与补贴退坡对比

表 2-1-17　单车动力蓄电池降成本与补贴退坡对比

年份	单车财政补贴/元	补贴退坡/元	动力蓄电池成本/（元/W·h）	动力蓄电池降成本/元
2017 年	163500	160500	1.41	35100
2018 年	99750	63750	1	36900
2019 年	31500	68250	0.95	4500
2020 年	28350	3150	0.9	4500

（3）国家补贴到位不及时，企业资金占用压力大

根据新能源汽车推广应用财政支持政策，新能源汽车生产企业在销售新能源汽车产品时需先行垫付补助资金，资金占用周期一般在两年以上，造成企业经营压力大，存在较大经营风险，见表 2-1-18。

以搭载 90kW·h 电量动力蓄电池的 4.5t 纯电动物流车为例，按每年销售 1000 辆规模计算，近 4 年整车厂需垫付 1.9 亿元。

表 2-1-18　企业资金占用情况

年份	单车财政补贴/元	每千辆垫付金额/万元	兑付金额/万元	累计垫付金额/万元
2017 年	163500	16350	0	16350
2018 年	99750	9975	0	26325
2019 年	31500	3150	8175	21300
2020 年	28350	2835	4987.5	19147.5

（4）国家非财政政策比较单一，对长途、重载政策支持少

目前，国家针对新能源货车的支持政策主要集中于城市物流车辆，以释放城市道路路权、城市充电基础设施建设、具有规模效应的城市物流公司运营奖励等措施，引导城市物流车由燃油汽车向新能源汽车转换。目前，用于城际干线、支线场景的中型货车、重型货车仍以燃油汽车为主导，见表 2-1-19。

表 2-1-19 新能源货车政策推广情况

政策类型	城市物流	城市专用	矿山/港口/城建	城际物流
免税	有	有	有	有
推广	有	有	无	无
路权	有	有	无	无
充电基础设施奖励	有	有	无	无
运营奖励	有	无	无	无

(5) 地方推广政策缺失或者执行力度不严，影响新能源车型的推广

全国仅部分区域制定了新能源汽车推广政策，见表 2-1-20。

表 2-1-20 主要地方推广政策情况

补贴内容	发布省市
公共领域用车按比例置换新能源汽车（公交、环卫、邮政等）	南京、福建、宁波、沈阳、文昌、琼海、泉州、陕西等
推进运输结构调整，推广新能源城市配送车辆	安徽、湖南、山西等
主城区机动车尾号限行，新能源汽车不受限	重庆、成都、邯郸、西安、郑州、洛阳等
市区内采取货车通行措施，新能源轻型、微型货车不受限	深圳、哈尔滨、济南、天津、厦门等
统一或限制充电价格	厦门、银川、昆明等

1) 地方政府限行区域的法规在执行时各区域力度不一，多数区域对限行执行宽松或有对应变通手段，出现"限而不管""限而不查"状态，新能源商用车路权优势没有充分体现。

2) 部分区域仍存在对本地生产车辆的区域保护政策，在车辆生产、购置或区域限行方面给予倾斜政策，外部车辆很难进入其市场。

3) 进城路权管理政策混乱，从各地方路权政策分析来看，对新能源物流车进城吨位管理较为混乱，出现"轻型新能源货车""4.5t 以下新能源货车""新能源货车"及"新能源物流车"等名词，不利于企业针对性

地进行产品开发。

（6）基础设施不完善

1）充电基础设施问题。

充电桩总保有量分析：中国电动汽车充电基础设施促进联盟数据显示，我国公用车桩比水平持续提高，已由2015年的8.94∶1改善到2020年的6.95∶1，如图2-1-39所示，但与货车用户需求相比还有一定的差距。

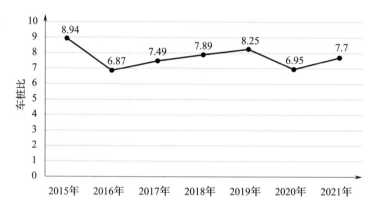

图2-1-39　新能源汽车与公共充电桩保有量比值

注：数据来源于中国电动汽车充电基础设施促进联盟。

充电桩应用场景适应分析：目前，充电桩主要分布在中心城区，远离城市中心的郊区、县、城镇、高速公路、停车场站、机场码头等区域适合载货汽车使用的大功率直流充电桩较少。

2）换电站设施问题。为解决现有新能源汽车充电时间长的问题，在某些车型上选用换电方式能提高车辆的利用效率，但全国为电动汽车提供动力蓄电池快速更换的换电站较少。

3）加氢站设施问题。受加氢站建设成本高、储运环节降本难、氢价居高不下等因素影响，截至2020年6月底，全国投入运行的加氢站数量仅60座，远不能满足氢燃料汽车市场化运营需求。

（7）相对传统燃油汽车购车成本高，收益没有明显优势

新能源汽车与传统燃油汽车价格对比，见表2-1-21。

表2-1-21 新能源汽车与燃油汽车价格对比

车型	新能源汽车价格/万元	燃油汽车价格/万元
轻型货车（4.5t）	15.8～20.58	7～10
VAN（4.5m长）	7.99～13.98	2.5～8.99
中型货车环卫车底盘（18t）	58.5～75.8	13.5～16.65

由于动力蓄电池损耗的原因，用户车辆使用周期相对传统燃油汽车短（国家规定货车三电系统质保为5年或20万km）。同时，从用户全使用周期TCO测算，新能源汽车月均利润与传统燃油汽车相当，如果没有路权政策的引导，则客户选择新能源汽车的意向不高。

3. 新能源载货车市场化发展对策研究

1）合理选择技术路线，以应用场景为核心进行车型创新研发。

2）开展商业模式创新。

3）加强售后服务体系建设。

4）进一步完善新能源货车推广政策。

5）针对车电分离及换电模式制定政策细则，打通运作障碍。

6）健全行业标准规范体系。

7）完善燃料电池汽车标准体系。整车能耗测试、冷起动性能测试等整车技术标准还需进一步完善，需加快相应标准的制定。燃料电池发动机、氢气储存等关键零部件相关标准较少，当前标准主要针对气氢存储，液氢存储标准缺失，考虑我国氢燃料车型后续发展方向集中在中长途车型，对标液化天然气（LNG）与压缩天然气（CNG）燃料应用场景，建议抓紧补充液氢标准，当前液氢单位载质量携氢量0.1kg，气氢单位载质量携氢量0.04kg，液氢远高于气氢，建议制定相应标准和政策，以促进氢燃料汽车的发展。

8）完善换电技术标准体系。当前，已发布的换电标准主要由国家能源局主导制定，更多聚焦在换电站建设和换电设备领域，换电现有法规主要适用于乘用车领域以及N1类商用车，不含括N2、N3类车辆。建议从顶层设计出发，以提高换电站的通用性、安全性为目标，完善换电作业流程规范以及安全管理办法。考虑当前换电属于探索期，处于百花齐放阶段，建议优先对换电协议、车站交互等软件进行标准化统一、硬件接口统一。建议修订 GB/T 32960—2016《电动汽车远程服务与管理系统技术规范》或单独制定相关标准，要求换电车辆状态、车站交互状态等相关数据信息上报车联网平台并实时监控；目前，动力蓄电池溯源政策要求整车和动力蓄电池一一对应，存在唯一性要求，不利于换电车辆的推广，建议修订相关政策，以满足换电车辆使用需求。

9）完善车与电网融合技术标准体系。车与电网（Vehicle to Grid, V2G）融合技术涉及人、车、充电桩、电网等方面的交互协同，需国家层面进行统一考虑，对各个部分的功能定义进行划分，对交互接口进行标准化设计，指导车企、充电桩、电网等企业开展工作。

10）完善充电桩技术标准体系。随着电动汽车技术的发展，电动汽车的电压平台也在相应提高，目前，电动载货汽车的电压平台已超过 500V，有向更高电压平台发展的趋势；目前，在市场上已出现部分车辆因电压不匹配在 500V 电压平台的充电桩上不能充电的现象，这导致车辆与充电桩的适配性变差；建议修订充电桩技术标准，明确后续电压平台，指导车与桩后续电压平台的选择，避免资源浪费。

（四）氢燃料电池汽车的发展对策

1. 氢燃料电池汽车发展市场现状

（1）全球面临的环境挑战

石化能源的过度消耗、二氧化碳等温室气体过度排放导致环境污染、生态破坏、气候变暖、灾害频发，严重影响人类的生产生活和可持续发展。据估算，2019 年全球二氧化碳排放约 350 亿 t，其中，中国、美国、欧盟和印度占 55%，中国排放量约 98 亿 t，占 28%，是当前全球最大的排放国。为了控制二氧化碳排放量，必须实现能源转型，按照高碳到低碳、低密度到高密度的路径进行，而氢气是目前公认的最为理想的能量载体和清洁能源提供者。氢气无毒无害，反应物为水，绿色清洁，热值高，相当于汽油的 3 倍，被誉为"21 世纪的终极能源"。发展氢能产业对于构建清洁低碳、安全高效的现代能源体系意义重大。

(2) 能源结构和能源安全

我国的资源禀赋为多煤少气贫油，能源结构不合理，能源供给安全隐患大。中国石油集团经济技术研究院发布的《2018年国内外油气行业发展报告》中提到，2018年我国的石油进口量为4.4亿t，石油对外依存度升至69.8%；天然气进口量为1254亿m^3，对外依存度升至45.3%。

《中国移动源环境管理年报（2019）》显示，过去5年中国已连续10年成为世界机动车产销第一大国，机动车等移动源污染已成为环境污染的重要来源。2019年，全国机动车四项污染物排放总量为1603.8万t，其中，一氧化碳、碳氢化合物、氮氧化物、颗粒物排放量分别为771.6万t、189.2万t、635.6万t和7.4万t。汽车是污染物排放总量的主要贡献者。

为应对日益突出的能源紧张和环境污染问题，世界主要汽车生产国纷纷加快部署，将发展新能源汽车作为国家战略，加快推进技术研发和产业化，同时大力发展和推广应用汽车节能技术。氢能动力具有的"零排放"、能量转换效率高、燃料来源多样并可灵活取自于可再生能源等优势，被认为是实现未来汽车工业可持续发展的重要方向之一，也是解决全球能源和环境问题的理想方案之一，各国对其关注度越来越高。

(3) 氢能将为碳中和做出贡献

2020年9月23日，国家主席习近平在第75届联合国大会上郑重承诺，我国将在控制气候变化方面做出更多的努力，并且突破性地宣布，我国将在2060年之前实现碳中和。为了实现零碳目标，我国的能源结构必须发生根本性的变化，电力将处于决定性的地位，而且这些电力必须由可再生的能源提供。最新的研究认为，如果我国想实现碳中和，氢能的地位将非常重要。钢铁、水泥、重型公路运输等难脱碳领域的碳排放非常高，如钢铁和水泥行业二氧化碳每年排放15亿t、12亿t。在钢铁生产中使用氢作为还原剂、水泥生产中使用氢作为高温热源、重型公路运输使用氢燃料电池，可以实现这几个行业的彻底脱碳。

随着零碳电力和制氢设备成本下降带来的绿氢成本快速降低，绿氢将在交通、工业等多个领域得到大规模应用，到2050年，我国的氢气需求量将达到8100万t。到2050年,当电解槽成本在100美元/kW、零碳电价为30美元/MW·h时,绿氢成本将低至1.5~2美元/kg的水平,比煤制氢的成本还要低。此外,到2050年,氢的用途将大大扩展,这也将带来极大的规模效应。未来,氢的应用场景包括钢铁、水泥、化工等工业过程及重型交通、轻型交通、航空航运等交通领域。根据不同领域氢能利用的技术成熟度、成本经济性、产业配套情况等,氢能将从路面交通领域开始渗透,并逐渐发展到合成氨、直接还原铁等工业领域,以及较为后期的船舶、航空燃料应用以及电转气(Power-to-X)等领域的应用。

2. 燃料电池汽车发展对策研究

(1) 主要发达国家对燃料电池汽车提出了发展规划

世界主要发达国家积极推进氢能和燃料电池产业发展。日本、美国、韩国、欧洲等国家或地区氢燃料电池汽车的研发与商业化应用发展迅速,各国均制订了燃料电池行业中长期发展规划并投入巨额补贴,日本由于其自身的资源匮乏,甚至将发展氢能和燃料电池技术提升到了国家战略层面,具体见表2-1-22。

表2-1-22 主要发达国家燃料电池汽车发展规划(单位:辆)

国家	2017年	2020年	2022年	2025年	2028年	2030年
美国	4500	13000	4000	—	—	1000000
日本	2400	40000	—	200000	—	800000
法国	250	—	5000	—	50000	—
荷兰	41	2000	—	—	—	—
韩国	—	—	81000	—	—	1800000

(2) 国内政策对燃料电池汽车持续加强战略支持

我国自2002年起即确立了以混合动力汽车、纯电动汽车、燃料电池汽车为"三纵",以多能源动力总成控制系统、驱动电机和动力蓄电池为"三横"的电动汽车"三纵三横"研发布局。从2012年的节能与新能源汽车产业发展规划起,持续加强对燃料电池汽车的战略支持与产业引导。各项科技发展规划或纲要明确提出加强燃料电池电堆、发动机及其关键材料核心技术研发，提出重点围绕燃料电池动力系统等6大创新链进行任务部署，支持燃料电池全产业链技术攻关。在财政补贴方面，2016—2020年持续实施燃料电池汽车推广应用补助政策，根据2020年9月发布的政策，将对燃料电池汽车的购置补贴调整为选择有基础、有积极性、有特色的城市或区域，重点围绕关键零部件的技术攻关和产业化应用开展示范，中央财政将采取"以奖代补"的方式给予示范城市奖励，具体见表2-1-23。

表2-1-23 2015—2020年国内新能源汽车相关政策

发布时间	部门	政策名称	主要内容
2015年4月	财政部、科技部、工信部、国家发展改革委	关于2016—2020年新能源汽车推广应用财政支持政策的通知	补助标准主要依据节能减排效果，并综合考虑生产成本、规模效应、技术进步等因素逐步退坡。2017—2020年除燃料电池汽车外，其他车型补助标准适当退坡，其中：2017—2018年补助标准在2016年基础上下降20%，2019—2020年补助标准在2016年基础上下降40%
2016年12月		关于调整新能源汽车推广应用财政补贴政策的通知	除燃料电池汽车外，各类车型2019—2020年中央及地方补贴标准和上限，在现行标准基础上退坡20%
2018年2月		关于调整完善新能源汽车推广应用财政补贴政策的通知	根据成本变化等情况，调整优化新能源乘用车补贴标准，合理降低新能源客车和新能源专用车补贴标准。燃料电池汽车补贴力度保持不变
2019年3月		关于进一步完善新能源汽车推广应用财政补贴政策的通知	符合2019年技术指标要求的销售上牌车辆按2018年对应标准的0.6倍补贴。过渡期内销售上牌的燃料电池汽车按2018年对应标准的0.8倍补贴

(续)

发布时间	部门	政策名称	主要内容
2020年4月	财政部、科技部、工信部、国家发展改革委	关于完善新能源汽车推广应用财政补贴政策的通知	将新能源汽车推广应用财政补贴政策实施期限延长至2022年底，原则上2020—2022年补贴标准分别在上一年基础上退坡10%、20%、30%。2019年6月26日至2020年4月22日推广的燃料电池汽车按照2018年对应标准的0.8倍补贴。将对燃料电池汽车的购置补贴调整为选择有基础、有积极性、有特色的城市或区域，重点围绕关键零部件的技术攻关和产业化应用开展示范，中央财政将采取"以奖代补"方式对示范城市给予奖励（有关通知另行发布）
2020年9月	财政部、工信部、科技部、国家发展改革委、国家能源局	关于开展燃料电池汽车示范应用的通知	实现相关基础材料、关键零部件和整车产品研发突破及初步产业化应用，在示范中不断完善产业链、提升技术水平 要明确合适的应用场景，重点推动燃料电池汽车在中远途、中重型商用车领域的产业化应用 要运用信息化平台，实现燃料电池汽车示范全过程、全链条监管，积累车辆运行数据，完善燃料电池汽车和氢能相关技术指标、测试标准 要集中聚焦优势企业产品推广，逐步形成规模效应，降低燃料电池汽车成本 要为燃料电池汽车示范应用提供经济、安全、稳定的氢源保障，探索发展绿氢，有效降低车用氢能成本

(3) 多个氢能示范城市明确燃料电池汽车发展规划

自上海市发布第一个氢燃料电池汽车发展规划以来，各地政府密集出台氢能与燃料电池产业规划，包括张家口、成都、苏州等地均积极发展氢燃料产业并推广燃料电池汽车运营。根据部分省市的燃料电池规划，2025年燃料电池汽车有望达到10万辆以上，见表2-1-24。

表2-1-24 我国部分氢能示范省市燃料电池汽车发展规划

省/市	规划名称	2020年发展规模/辆	2025年发展规模/辆
上海	上海市燃料电池汽车发展规划	3000	30000
武汉	武汉市氢能产业突破发展行动方案	2000~3000	10000~30000
佛山	佛山市氢能源产业发展规划（2018—2030年）	5500	11000
河北	河北省推进氢能产业发展实施意见	2500（2022年）	10000
成都	成都市氢能产业发展规划（2019—2023年）	2000（2023年）	—
浙江	浙江省加快培育氢能产业发展的指导意见	1000（2022年）	—
苏州	苏州市氢能产业发展指导意见(试行)	800	10000
山西	山西省新能源汽车产业2019年行动计划	700	7500
天津	天津市氢能产业发展行动方案（2020—2022年）	1000（2022年）	—
潍坊	潍坊市氢能产业发展三年行动计划（2019—2021年）	640（2021年）	—

(4) 氢燃料汽车技术路线及规划

2020年9月，财政部等五部委发布关于开展燃料电池汽车示范应用的通知，有望推动国内燃料电池汽车产业快速发展。燃料电池汽车支持政策，将对符合条件的城市群开展燃料电池汽车关键核心技术产业化攻关和示范应用给予奖励,见表2-1-25。2020年新政策对适合燃料电池汽车示范的应用场景提高要求,已推广燃料电池汽车从此前的50辆提高到100辆,已建成并投入运营加氢站数从此前1座增加到至少2座,且单站日加氢能力不低于500kg。

表2-1-25 氢燃料汽车技术路线

项目	2020年	2025年	2030年
总体目标	在特定地区的公共服务用车领域示范应用,5000辆规模	在城市私人用车、公共服务用车领域实现大批量应用,50000辆规模	在私人乘用车、大型商用车领域实现大规模商业推广,百万辆规模
	燃料电池系统产能超过1000套/企业	燃料电池系统产能超过1万套/企业	燃料电池系统产能超过10万套/企业
功能要求	冷起动温度达-30℃,动力系统构型设计优化整车成本与纯电动汽车相当	冷起动温度达-40℃,批量化降低购置成本,与同级别混合动力汽车相当	整车性能达到与传统汽车相当,具有相对产品竞争力优势
商用车	耐久性40万km 成本≤150万元	耐久性80万km 成本≤100万元	耐久性100万km 成本≤60万元
乘用车	寿命20万km 成本≤30万元	寿命25万km 成本≤20万元	寿命30万km 成本≤18万元
关键零部件	高速无油空压机,氢循环系统、70MPa储氢瓶等关键系统附件性能满足车用指标要求	—	系统成本低于200元/kW
氢气供应	可再生能源分布式制氢;焦炉煤气等副产氢气制氢/高效低成本氢气分离纯化技术	—	可再生能源分布式制氢
氢气运输	高压气态氢气储存与运输	低温液体氢气运输	常压高密度有机液体储氢与运输
加氢站	数量超过100座	数量超过300座	数量超过1000座

我国规划到 2030 年燃料电池汽车保有量达到 100 万辆。根据我国《节能与新能源汽车技术路线图》，到 2025 年氢燃料电池汽车保有量推广规模将达到 5 万辆，其中，商用车 1 万辆、乘用车 4 万辆，加氢站超过 300 座；2030 年，将实现大规模商业化推广累计 100 万辆，燃料电池系统产能超过 10 万套/企业，整机性能达到与传统内燃机相当，如图 2-1-40 所示。

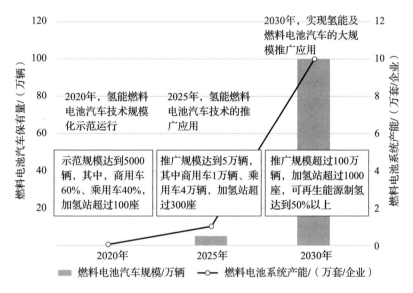

图 2-1-40 我国燃料电池汽车保有量及燃料电池系统产能规划

3. 燃料电池汽车市场现状及发展预测

2015—2019 年，我国燃料电池汽车产量在政策扶持下迎来快速增长。2015 年，我国燃料电池汽车上牌数仅 10 辆，在燃料电池汽车补贴政策的带动下，经过 4 年的努力，行业产销量迎来高速增长，2019 年我国燃料电池汽车上牌数达到 2737 辆，同比增长 79%。目前，我国燃料电池汽车产业已经由过去政府主导的技术探索、示范运营阶段，逐步过渡到商业化初期阶段，预计 2021 年及"十四五"期间燃料电池汽车仍将延续快速增长态势，如图 2-1-41 所示。

我国纯电动汽车自 2009 年开始导入，2013—2015 年迎来爆发式增长，燃料电池汽车有望复制纯电动汽车的发展模式。2009 年，"十城千辆"计划发布，标志着我国纯电动新能源汽车产业化的开端。在经历了初始导入

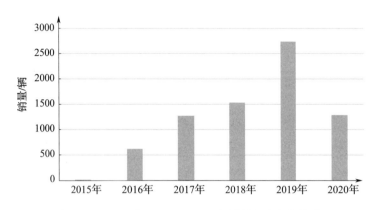

图 2-1-41　我国 2015—2020 年燃料电池汽车销量

阶段后，2013 年纯电动汽车销量仅 1.46 万辆，2014 年、2015 年分别实现了 200% 和 400% 以上的增长，2015 年销量达到 24.75 万辆。目前，燃料电池汽车也处于爆发前的导入阶段，未来 5 年有望迎来爆发临界点。

商用车是短期内燃料电池汽车发展的重点。在过去的 10 年里，在产业补贴和国家支持政策等措施的激励下，氢燃料电池客车、物流车等商用车的应用已领先于其他氢燃料电池车型。根据新能源汽车国家监测与管理平台的统计数据，截至 2019 年年底，我国已接入平台的氢燃料电池汽车运行的情况为：物流车占比达到 60.5%；公交客车、公路客车、通勤客车等客车占比达到 39.4%；乘用车只用于租赁，占比仅为 0.19%。因此，当前，氢燃料电池汽车的示范应用主要集中在物流、客车等商用车领域。

由于目前我国加氢站建设数量仍较少、燃料电池汽车的购置成本较高，城市公交将会是短期内最重要的燃料电池汽车应用场景。一方面，城市公交客车、重型货车等运营车辆的行驶路径较为固定，对加氢站数量的依赖度较低；另一方面，我国商用车有较大的保有量，在燃料电池汽车发展初期，通过政府补贴、奖励示范等应用方式先实现燃料电池汽车的规模化生产，有望复制此前纯电动汽车领域"以公带私"的模式，推动氢燃料电池产业链的成本下降。目前，我国商用车头部企业，例如宇通、福田、中国重汽等，均已在燃料电池领域积极布局。

1）氢燃料电池客车。详见总报告六中的"一、发展大功率燃料电池系统的氢燃料电池客车。"

2）氢燃料电池物流车。详见总报告六中的"二、发展大功率燃料电池系统的氢燃料电池物流车。"

3）氢燃料电池重型货车。详见总报告六中的"三、发展重型货车领域是减排脱碳的重要替代方案。"

4）氢燃料电池乘用车。

我国的氢燃料电池乘用车仍未实现量产与销售。国际上，美国、日本氢燃料电池乘用车累计销量（含租赁）超过1万辆。多国在相关规划或路线图中提出要推广氢燃料电池乘用车，如韩国政府于2019年发布的《氢经济路线图》指出，在本土与海外推广氢燃料电池轿车，到2022年累计推广7.9万辆，到2040年累计推广590万辆（本土275万辆），并在出租车领域进行示范应用，到2040年推广氢燃料电池出租车累计达到8万辆。

续驶里程在500km以上的氢燃料电池乘用车将于2040年后达到与同等续驶能力的纯电动乘用车相当的全生命周期成本经济性。由于小型纯电动乘用车的发展较为成熟且TCO成本经济性更优，氢燃料电池在SUV、大型乘用车等领域更具商业化推广潜力。目前，国内氢燃料电池乘用车尚未量产，整车处于样车试制阶段，整车购置成本接近150万元。随着加氢基础设施网络的建设，氢燃料电池乘用车将逐步实现规模化应用，全生命周期的成本经济性将在规模效应与技术进步的双重影响下降低。2035年以后，氢燃料电池乘用车的每千米TCO成本与同等续驶里程的纯电动乘用车差距小于0.1元，考虑到氢燃料电池乘用车加注时间较短，同时在寒冷地区的适应性较强，氢燃料电池乘用车在北方严寒地区的市场竞争力将较为突出。从消费者角度看，氢燃料电池乘用车的每千米TCO成本到2025年、2035年、2050年将分别降到1.56元、0.77元、0.59元。

氢燃料电池乘用车的技术路线和发展路径与商用车不同。乘用车在整车布置、动力性、经济性、乘坐体验、续驶里程等方面有更高的要求，这决定了用于乘用车的氢燃料电池系统功率密度需要更高。在氢燃料电池乘用车动力系统由电混合到全功率的发展路线上，关键是提高燃料电池系统的体积比功率，多采用功率密度更高的金属板电堆代替石墨板电堆，以

70MPa 高压储氢系统代替 35MPa 储氢系统，同时零部件或系统，如空压机、氢循环的体积要求也更高。为保证乘用车的经济性，车辆购置成本必须要加快下降，关键是降低燃料电池系统和储氢系统的价格。

未来，乘用车用燃料电池系统与储氢系统的价格将随着规模化生产大幅降低。乘用车用燃料电池系统的价格（系统生产商供应给车企的销售价格或车企自主生产的对外报价，含研发调试、人员费用等运营成本），至2025 年、2035 年、2050 年分别降至 1700 元/kW、455 元/kW、350 元/kW；乘用车用储氢系统的价格（包含储氢瓶、阀门、传感器及管道等，厂商对外销售价格），至 2025 年、2035 年、2050 年分别降至 8100 元/kg、3300 元/kg、1800 元/kg。

氢燃料电池乘用车在我国未来的智能共享出行市场具有较大的发展潜力。目前，国内氢燃料电池乘用车的应用主要是提供汽车共享服务。随着氢燃料电池乘用车续驶里程的提升、全生命周期经济性的改善等，氢燃料电池乘用车将成为共享出行的重要载体，减少了消费者对纯电动乘用车续驶里程和充电问题的忧虑，有助于提高全社会对于氢燃料电池汽车的接受度。

氢燃料电池汽车的市场渗透率未来逐步提升，拉动生产与应用规模的扩大。氢燃料电池客车的市场渗透率至 2025 年、2035 年、2050 年分别达到 5%、10%、40%。氢燃料电池物流车的市场渗透率至 2030 年、2050 年分别达到 5%、10%。氢燃料电池重型货车的市场渗透率至 2025 年、2035 年、2050 年分别达到 0.2%、15%、75%。氢燃料电池乘用车的市场渗透率至 2025 年、2035 年、2050 年分别达到 0.08%、2%、12%。

五、新能源汽车市场化商业模式创新对策研究

（一）基于补能领域的创新对策

随着新能源、购置补贴金额的下降，受新能源零部件物料成本的制约，目前整车企业无法通过降本消化补贴退坡影响；新能源乘用车与同级别传统燃油汽车相比，还缺乏价格竞争优势；新能源汽车企业或新能源汽

车业务，大部分还处在无法盈利甚至亏损的境地，新能源汽车整车企业要维持业务继续发展，必须通过多种途径，寻找可能的赢利点，其中开展新的商业模式是很多新能源整车企业的选择。

市场上已经出现了换电、移动出行、新能源二手车、车辆定制化、V2G、空中下载（Over-the-Air，OTA）技术等新的商业形态。广汽、吉利、北汽、上汽等主要车企，华为、滴滴、阿里巴巴、腾讯、百度、宁德时代等企业都在进行商业模式布局。

因此，无论是从补贴退坡的角度，还是从行业竞争的角度，以及从可持续发展的角度，行业都应该在新能源产业链和生态圈层面进行前瞻布局，依托商业模式的创新，在新能源汽车行业获得更大的发展。

（二）换电模式

1. 换电模式简述

为解决纯电动汽车存在的充电时间长、冬季续驶里程缩水、电池包存在安全隐患以及二手车残值较低等问题，国内外部分企业提出了通过更换电池包为纯电动汽车进行能量补充的模式，一定程度上有助于解决以上问题。

换电模式是通过更换动力蓄电池为新能源汽车，尤其是纯电动汽车提供电能补给的一种形式。动力蓄电池更换主要通过换电站实现。

根据不同的分类方法，换电模式可分为不同的类型：按车载动力蓄电池的位置，可分为底部、侧向、端部、中部、顶部等换电模式；按动力蓄电池更换的自动化程度，可分为手动、半自动、全自动等换电模式；按电池箱数量的不同，可分为整包、分包等换电模式；按车辆属性，可分为商用车、乘用车、专用车等换电模式；按换电频次，可分为高频换电模式和低频换电模式。

换电是充电的重要补充，换电模式也是电动汽车动力蓄电池寿命和动力蓄电池残值风险的最佳解决方式。换电模式对打消用户电动汽车里程焦虑以及补能困难的疑虑有重要意义，极大地促进了电动汽车的推广和普及，为当前电动汽车行业发展带来了具有竞争力的创新模式。

换电具有以下几大优势。

对消费者而言，一是可实现灵活租用，消费者根据自身出行需要按需灵活租用高续驶或普通续驶动力蓄电池，分享动力蓄电池技术进步红利。二是可打消车主关于动力蓄电池的诸多顾虑。因不再持有动力蓄电池资产，用户对动力蓄电池衰减导致的"里程减少"和"过快贬值"顾虑相应打消。三是可大大降低初始购车成本，中和补贴大幅退坡带来的负面影响。四是可提高二手车残值，因为除去价值不确定性最高的动力蓄电池，二手电动汽车残值评估将有据可循。

对车企而言，一是可大幅提高对同级别燃油汽车的市场竞争力，极大地促进新车及二手车销售；二是可降低单车成本，提高整车毛利率，促进企业健康可持续发展；三是可促进车企更好地履行动力蓄电池回收主体责任。

对整个新能源汽车产业而言，一是可加宽、加深我国汽车产业护城河。通过发挥我国社会主义制度能够集中力量办大事的优势，推动技术创新和商业模式创新双轮驱动，形成有利于电动化技术快速大规模应用和迭代升级的产业比较优势，实现我国自主品牌换道超车，建立如中国高铁一般的产业护城河。二是全生命周期管理有利于动力蓄电池安全。对动力蓄电池集中进行检测、养护和管理，并基于换电站做动力蓄电池大均衡，使所有动力蓄电池处于最佳运行工况，有利于延长动力蓄电池寿命，确保动力蓄电池安全可控。三是可提高动力蓄电池梯次利用效率。通过规模化调度和换电站集中出站，使动力蓄电池可以在车载使用和梯次利用之间找到最佳转换节点，提升动力蓄电池全生命周期利用率。四是可起到优化电力资源配置的作用。作为移动储能终端，电动汽车理论上可与能源系统双向互动。五是可促进换电模式良性发展。通过引导车企根据使用场景研发换电模式车型，并催生一批新的服务模式和业态，这也是推动汽车产业供给侧改革、增强内生发展动力的题中之意。

部分企业为了降低换电站的建设成本，也创新发展出了移动充电车，使车找电变为电找车，以及线上 App 呼叫一键加电服务，让加电操作如同点外卖。同时，充电地图可使用户随时了解周边以及目的地充电资源，有效消除里程焦虑，这都大大提升了用户补能体验，可引导发展面向所有电动汽车品牌的移动充电车等便捷加电的共享服务平台，满足部分用户特殊场景下的补能需求。

2. 换电模式存在的问题

我国换电模式的发展和应用相对较晚，但我国的新能源汽车，尤其是纯电动汽车的保有量全球最多，为多种补能方式的发展提供了广阔的空间。发展换电模式有利于促进新能源汽车产业发展，但换电模式存在着建设成本偏高、技术标准不完善、存在骗取国家补贴空间、换电车辆发生事故后的责任难界定以及管理办法不规范等问题。通过分析，可以识别出换电模式存在着政策标准问题、市场问题、运营问题以及财务问题。

3. 换电模式应对建议

（1）政策标准

虽然最近国家出台了相关政策，例如《2021—2035年新能源汽车产业发展规划》明确提出了"加快充换电基础设施建设"和"鼓励开展换电模式应用"，但该文件属于国家纲领性文件，还需要各部委、行业、省市出台相关的细则才能落地。在2020年9月，中国汽车工业协会、中国汽车动力电池产业创新联盟、中国电动汽车充电基础设施促进联盟、一汽、上汽、东风等20家行业组织和企业，成立了车电分离生态圈，旨在促进换电平台、换电技术、换电电池包等标准的研究和制定。但因各企业的产品平台、车身形式、尺寸等不同，难以进行兼容，要形成统一的换电标准并执行，预计还需要较长的时间才能落地。因此对于政策标准问题，建议参与换电模式的企业，积极关注国家、部委、省市及行业的政策、标准的制定及落实情况。必要时，企业也可主动参与到政策、标准的建议或起草工作中。

（2）市场问题

国家鼓励开展换电模式应用，但目前来说主要集中在城市出租、网约车等公共用车领域，面向个人的换电车辆，还处在起步阶段。对于市场风险，建议如下：在宣传上，加强引导，让消费者增加对换电模式的认识；

在产品上,换电车辆与普通车辆相比,增加一定的辨识度,并增强换电产品的开发;在使用端,要打消消费者的顾虑,让消费者相信更换的电池包与原装的电池包一样安全、可靠。

(3)运营问题

在换电模式中,换电站的建设及运营是该模式的核心。在建设初期,做好首个城市的换电站数量规划、位置规划、规模规划、周边配套等至关重要;同时,要集中力量促进当地换电车辆的推广和使用,增加换电车辆的数量及换电次数,在运营中不断规避风险并提升效率。在首个城市的运营达到一定规模后,再向其他城市拓展,必要时可引入当地的合作伙伴共担风险。

(4)财务问题

包括成本控制风险和营利性风险。换电模式涉及产品的开发、换电站的建设、换电站的运营等,这些都应纳入成本控制之中。对于超支部分,建议通过缩减不必要的开支、开拓融资融券渠道、引入资金实力强的合作方等方式解决。营利性风险主要取决于车辆的换电次数及单次换电的收益。具体来说,营利性风险可通过鼓励增加换电车辆的数量及使用、降低换电站的建设成本、争取换电站用电价格的政府优惠等措施进行应对。

(三)移动出行

1. 移动出行简述

移动出行是新能源汽车的重要销售市场,目前有P2P租车、分时租赁、顺风车、网约车等多种模式。网约车是指通过运营平台预约出租汽车提供服务的简称,是指以互联网技术为依托构建服务平台,接入符合条件的车辆和司机,通过整合供需信息,提供预约出行服务的经营模式。经过多年的发展,网约车模式逐渐成为市场的主流。

2. 移动出行存在的问题

对平台来说,网约车的主要模式可归纳为三种,即轻资产模式、重资产模式以及混合模式。

轻资产模式,主要打造互联网运营平台,以吸引私家车主加入为主,或平台本身仅有部分车辆和司机，主要投资集中在平台开发和维护。该模式的运营特点是线上为主，可在全国各城市进行快速推广。该模式的投资回报期较短，但存在的问题是难以对私家车主进行严格审核，有一定的安全风险。

重资产模式，是以企业自购车辆、自招司机运营为主的模式。该模式以线下运营为主，可以有效管控运营质量。但需要前期进行大量的资金投入，且在企业发展过程中，车辆的维修、司机的培训等都是不小的开支。该模式的投资回报期较长。

混合模式，结合了轻资产和重资产两种模式的特点，既有平台，又有自有车辆和司机，可同时在线上和线下运营。当前的曹操出行、如祺出行等企业都属于此类。

对于网约车司机来说，政府虽然出台了相关要求，要依法取得相关证件，但实际，人、车、证不符的情况时有发生，从而给乘客的出行安全带来了隐患。同时，随着众多企业开通出行业务，网约车的数量快速攀升，网约车平台的抽成比例也在提高，导致网约车司机在同等劳动时间下的收入下降。网约车司机为了获得稳定的收入，存在着长时间驾驶或疲劳驾驶问题，这影响了网约车服务的质量，也存在安全隐患。

3. 移动出行应对建议

1）加大鼓励，使出行服务的车辆全面电动化，使网约车的数量保持在一个合理的范围内。我国发布的《新能源汽车产业发展规划（2021—2035年）》中明确提出，2021年起，国家生态文明试验区、大气污染防治重点区域新增或更新公交、出租、物流配送等公共领域车辆，新能源汽车比例不低于80%。以运营服务为依托的网约车，将逐步实现全面电动化。

2）加强对网约车平台的监管。网约车企业为了实现更高效的运营，会对用户出行数据、行为习惯、天气情况、道路信息、车辆状态等进行更全面的采集，经平台运算处理之后，用于指导企业实现更精准的出行需求对接、更安全的全程监控、更高效的车辆能源补给，从而实现更健康的运营。对于采集的数据，要进行严格管控，避免给乘客、社会等带来负面影响。

3）加强对网约车司机的监管。严格控制人、车、证的一致性，对于出现人、车、证不符的情况，要求网约车平台进行整改。

4）鼓励车辆定制化。经过海量大数据分析，运营企业基本可以掌握什么车辆更能满足用户的出行需求，并且更安全、更节能、更可靠、更环保。对于运营企业来讲，采用经海量大数据分析出的车辆需求（如车身尺寸、储物空间、功能配置、续驶里程、价格等），将会为企业的后续发展提供更广阔的空间。网约车企业将逐渐对旗下的运营车型进行定制化更新。

（四）新能源二手车

1. 新能源二手车简述

根据公安部交通管理局发布的消息，2020年全国新能源汽车保有量达492万辆，占汽车总量的1.75%，比2019年增加了111万辆，增长29.18%。随着新能源汽车车龄的增长和保有量的增加，新能源汽车二手车保值率和二手车流通问题将越来越受到关注。

2. 新能源二手车存在的问题

新能源二手车交易难，存在以下四方面问题。

（1）产品端

随着技术的进步，新能源车辆续驶里程提升迅猛：2017年，纯电动汽车续驶里程为150~200km；2018年，基本上在300km左右；而2019—2020年，上市的全新纯电动车型，基本都在400km以上，很多高续驶版本做到了500~600km。新能源车型更新换代速度快，很多车型仅上市一年便推出了升级版，造成上一代产品大幅贬值。新能源动力蓄电池存在性能衰减的问题，消费者在购买新能源二手车时普遍担心续驶里程衰减问题。

（2）市场端

新能源汽车市场总量仍较小，真正进入流通环节的二手车数量也较少，消费者购买新能源二手车的选择空间小。

若二手车商收车后短时间内无法再次出售，则该车很可能变成积压的库存车，最终只能赔钱贱卖。因此，二手车商对新能源汽车普遍存在不愿收的情况。

行业内缺乏新能源汽车关键零部件的检测标准，消费者除对官方认证的二手车比较信任外，其他渠道的车源认可程度低。

（3）政策端

当前的二手车政策及评估体系，都是基于传统燃油汽车的，行业内没有公认的新能源二手车评估体系，缺乏针对新能源二手车的政策、评估体系等方面的保驾护航。消费者买到的新能源二手车出现质量问题后，往往存在维权难的问题。

（4）用户端

一、二线城市用户对新能源二手车的需求程度低，新能源二手车主要流向农村市场或城乡接合部市场。但这类市场的用户对新能源汽车的需求并不迫切，导致对新能源二手车的认可程度较低。

3. 新能源二手车业务应对建议

（1）产品端

新能源二手车保值率低的问题成为新车销售的重要阻碍，部分整车企业已制定了置换、回购政策以提升消费者的购买信心。针对动力蓄电池等关键零部件的性能衰减等问题，整车企业或动力畜电池企业，可以采用延保、终身质保等方式消除用户顾虑。

（2）市场端

随着新能源汽车保有量的增加，新能源二手车的数量将逐步增加，以在客观上保证供给。同时，建立全国性或区域性的二手车交易平台，并鼓励各企业、各单位的在售车辆接入，为新能源二手车的交易提供更多的受众，为潜在的二手车车主提供更多选择。

（3）政策端

需要尽快探索并制定新能源二手车价格评估体系。充分利用国家新能源汽车大数据、各企业大数据、各机构大数据，准确评估新能源二手车车辆状态、动态监控保值率，及时获得供需双方的线上动态数据，提供比较契合的范围。为促进新能源二手车的交易，建议减免新能源二手车交易的各种税费。

(4) 用户端

对于购买新能源二手车或用燃油汽车置换新能源二手车的用户，给予一定的资金补助；在使用新能源二手车期间，除享受新能源汽车的权益外，建议给予新能源二手车车主额外的充电费用减免。

（五）车辆定制化

1. 车辆定制化简述

汽车定制化，就是汽车企业按照用户需求，对车身内饰材料和颜色、底盘悬架、动力要求、动力蓄电池容量、座椅数量、轮毂样式、音响、智能化软件等进行定制生产与组装，从而满足用户对车辆个性化和特殊化的需求。车辆定制不仅仅是整车产品的变革，还需要供应链的配合。大规模定制不仅能给用户带来全新的购车体验，还会增强供应商、物流企业的竞争优势。大规模定制化生产模式也对整车企业提出了很高的要求，实现该模式对企业来说是一个很大的挑战。目前大多数企业还处于尝试阶段。

2. 车辆定制化存在的问题

1）难以高效地获取顾客的真实需求信息：消费者虽然对汽车有一定了解，但绝大部分消费者对汽车的了解程度毕竟有限。消费者对车辆的需求，有的集中在配置表上的一些选项，有的局限在外观颜色、零部件的数量或零部件品牌上，对自己真实的需求往往表达不清，从而导致"定制"的车辆不是理想的车辆。

2）对企业的信息管理系统要求很高。企业还应有反应敏捷的供应链系统和柔性化的生产系统。

3. 车辆定制化应对建议

(1) 加强信息管理系统建设

要做好定制化，就需要建立完全信息化的管理系统，强化企业精细化管理理念；同时，要加强销售方与整车企业间的信息共享；关键是实现物流与信息流的协调配合。

（2）建立敏捷的供应链

零部件供应商要具有准时化供货能力，对生产订单快速响应；整车企业要与供应链建立全新的关系，包括树立合作共赢的意识、建立协调激励和风险分担机制，关键要建立信息共享机制。

（3）建立柔性化的生产系统

产品设计过程中要考虑目标群体的需求，要建立产品族结构；要确立模块化设计思路，多产品共用，分摊成本；制订全方位贯彻柔性化生产理念的生产计划。

（六）V2G

1. V2G 模式概述

通过 V2G 模式，当用电负荷过高时，由电动汽车向电网馈电；而当用电负荷过低时，将电网过剩的电能存储在电动汽车里。V2G 模式不仅有利于发电、供电企业的高效平稳运行，也为电动汽车的发展提供了新的思路。

V2G 模式可以在电价低时充电、电价高时反馈电网，起到削峰填谷、平衡电网的作用。电动汽车作为分布式储能系统，在突然停电状态下，可以提供备用电力。

对于车主来说，通过 V2G 模式，可以利用波谷与波峰之间的电价差，实现一定的卖电盈利。

2．V2G 模式存在的问题

要实现 V2G 的功能，新能源车型就需要实现零部件改造及软件升级，同时需要配套相应的充电桩，由此将导致新能源汽车购买成本增加。因新能源整车在网时间长，对车载电池包的循环寿命提出了新的要求。

3．V2G 模式应对建议

1）应进行长寿命零部件开发。在 V2G 模式中，对新能源三电系统，尤其是电池包的寿命要求大幅提高，零部件企业要开发长寿命、高安全的电池包。

2)整车企业要做好 V2G 车辆的电池管理系统（BMS）升级等软硬件改造和整车系统的集成开发，车辆所装备的动力蓄电池可以完成电网电能的吸收和释放，并做好试验验证。

3)整车企业要与电网企业合作开发 V2G 信息交互平台。要开发 V2G 充电桩，V2G 充电桩具备和电网双向互动的能力，是电动汽车与电网之间电能循环的重要媒介。

（七）OTA

1. OTA 简述

OTA 即空中下载技术，是通过移动通信的接口实现对终端设备升级及数据进行远程管理的技术。此技术能够在同一时间内处理大量用户的终端升级需求，在移动通信行业已具备十分成熟和广泛的应用。

（1）OTA 的分类

根据在汽车行业的不同应用范围，OTA 又可以分为以下两类。

1）固件在线升级（Firmware Over–the–Air，FOTA），是泛指驱动、系统、功能、应用等的升级，涉及车辆核心的动力控制系统、安全控制系统、底盘控制系统、车身控制系统等底层范畴。FOTA 和操作系统（Operating System，OS）的关系较密切，通过 FOTA 模块下载并安装至整车的升级包，要与 OS 进行密切匹配，不但要进行硬件驱动的调试，还要进行版本的兼容测试。因此，车企及相关政府部门必须对这样的升级包进行规范管控。

2）软件在线升级（Software Over–the–Air，SOTA），属于应用层范畴，比如车载系统的应用程序和地图更新、应用服务、移动通信、信息处理、卫星导航等。相对于 FOTA，SOTA 的严重等级较低。

（2）OTA 的功能

汽车 OTA 是智能网联汽车的重要基础能力之一，以支持快速发展的汽车软件业务场景，大致体现在以下 4 方面。

1）OTA 对软件错误或者漏洞进行迅速修复，缩短中间步骤的时间，大幅降低了软件故障带来的安全风险。

2）OTA 降低了汽车生产企业和用户的成本，包括汽车生产企业的召回成本和用户的时间成本。

3）OTA 支持汽车软件更快地更新迭代，可为智能汽车增加新特性（增加新功能、优化性能、改善已有功能等），提升用户体验。

4）OTA 拓宽了"服务"和"运营"的范畴，增加了车辆的附加值，延展了价值链。

2. OTA 存在的问题

与此同时，汽车 OTA 升级也带来了新的挑战，需要从多个维度按照相关标准进行严格的事前、事中和事后管控，以保证整车的使用安全和合规性。

在安全管控方面，需要同时考虑数据安全管控和升级安全管控。对于数据安全管控而言，由于车载电控单元（ECU）众多，网络复杂，一旦车辆与外界建立通信，就给原本封闭的网络带来了黑客入侵的可能性，如何建立安全防护措施、保证车辆安全是 OTA 的重要课题。对于升级安全管控而言，如何确保 OTA 软件包与在用社会车辆的适配性和兼容性，如何确保 OTA 升级后整车功能变化安全且依然合规，用户激活 OTA 的操作安全、升级过程中的持续监控以及升级失败的处理机制等，都需要必要的管控。

在运营管控方面，需要考虑服务网点的软件包版本管理、维保流程对 OTA 升级过程的干扰，以及用户升级过程中问题的及时处理等。

3. OTA 应对建议

（1）尽快出台与 OTA 相关的国家标准规范等文件

文件应当对车企、OTA 方案提供方（车企自研或第三方）、固件或软件提供方（车企自研或供应商）和售后服务方做出相应的要求。

针对车企，建议要求做到以下 4 点。

1）区别 FOTA 和 SOTA，对 FOTA 需要更严格的管控。车企以整车软件包的方式发布固件，以确保车辆升级后软件、硬件和功能都处于兼容适配状态，整车能安全正常地工作。

2）FOTA 固件和软件信息具有透明度和可追溯性，在实施 FOTA 前向国家相关机构进行及时必要的备案。

3）整车软件包测试集成需具备对变更点相关验证过程和结果的精确追溯能力。

4）车企需要有针对 OTA 升级包管理的上下游高度集成的 IT 系统，以保证软件包配置、测试和应用过程中，所有涉及部门（产品生命周期管理、研发测试、生产制造、售后服务等部门）都获取相同的被验证过的软件。

针对 OTA 方案提供方，建议要求做到以下三点。

1）FOTA 进行分布下载、整包升级，确保整车版本一致，保证整车安全。

2）FOTA 具备信息安全保护机制，以确保输入固件或软件的合法性。

3）通过技术手段，确保车辆在 FOTA 失败时不会被用户驾驶。

针对固件或软件提供方，建议要求做到以下两点。

1）进行零件 OTA 升级软件后的追溯性管理和质保问题的处理。

2）供应商确保提交主机厂软件的数据安全性，所有支持 OTA 软件升级的 ECU 必须具备独立签名的校验能力。

针对售后服务方，建议要求做到以下两点。

1）售后服务门店做好涉及软件手工升级的管控。

2）需要对升级进程进行动态监测，发生异常时能及时预警，具备移动服务能力。

（2）建议由政府牵头建立统一的 OTA 升级在线监管平台

监管各整车企业 OTA 升级的流程评估以及单个 OTA 升级的事前备案、事中监控和事后跟踪，并对违反监管要求且造成严重后果的车企进行追责。

子报告 二 / 新能源汽车供应链及关键零部件发展与对策研究

一、新能源汽车产业链供应链安全对策分析

在全球电动化浪潮中,新能源汽车近年来快速发展。随之而来的是,其面临的产业链供应链问题也愈发突出。相比燃油汽车,新能源汽车产业链供应链主要体现在三电供应链的差异上。我国新能源汽车产业链供应链历经多年发展,在动力蓄电池、电机领域产生了一批富有竞争力的自主企业,比如宁德时代、比亚迪、汇川、精进等,其在可靠性、品质、技术领先性方面突出,支撑了新能源汽车的快速发展。

在动力蓄电池原材料供应方面,部分原材料进口依存度仍然很高,原材料价格波动对动力蓄电池生产影响较大,供应链安全受到挑战。燃料电池电堆仍处于初级发展阶段,单堆功率、体积功率比、使用设计寿命等指标明显落后于日本丰田、韩国现代等国外先进企业,尚未形成规模效应,单位功率成本明显高于上述企业。

高压功率电子元器件的集成水平(电机控制器、车载充电器、DC/DC、变换器)虽然取得了一定的发展,但与国际供应商相比还存在较大的差距,部分核心零部件和基础制造装备严重依赖进口。目前,我国基础制造业与国外仍存在一定差距,零部件、元器件工艺较为薄弱,缺少先进的工艺,核心材料只能依赖进口,例如电驱动高速轴承、控制芯片等基础元器件以及高精检测设备,不少仍依赖进口。

（一）新能源汽车产业链供应链存在的问题及风险

1. 动力蓄电池及原材料

以三元锂电池为例，其供应链如图 2-2-1 所示。三元锂电池的原材料镍、钴、锰、锂是生产的核心资源，也是较为稀缺的资源。动力蓄电池产业链的安全性很大程度上受制于动力蓄电池原材料供应的稳定性和可靠性。

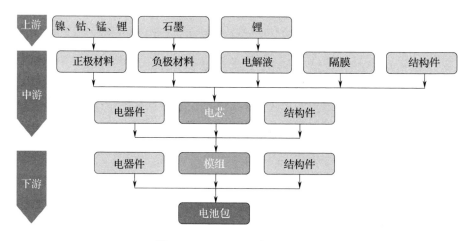

图 2-2-1 三元锂电池供应链

全球锂资源总量丰富、分布集中，主要分布在南美洲、澳大利亚和中国。其中，中国储量较为丰富，供应链相对稳定。根据 2019 年中国锂业大会信息，全球现已查明的锂资源量约 6200 万 t，我国位居第六（450 万 t），按查明的储量计算，我国位居第四（USGS 2018）。盐湖卤水型锂资源主要集中在"南美锂三角"（智利、阿根廷和玻利维亚），我国次之；硬岩类锂辉石主要分布在澳大利亚、加拿大等国。矿石资源目前主要是澳大利亚的格林布什矿在大规模开采，我国电池级碳酸锂 80% 以上的原料均来源于此。因此，提升锂资源开采技术、提高国产锂资源开采量仍是重要课题。

我国钴资源储量较少，进口依存度高，供应链风险较大。世界范围内，钴集中分布在刚果（金）、澳大利亚，这两个国家的钴资源储量约占世界钴总储量的 62.86%。其中，刚果（金）钴资源最为丰富，占世界总储量的48.57%；我国的钴资源储量为8万t，仅占全球钴资源总储量的1.14%。2019年，我国钴原料进口量达12.4万t，进口依存度超过90%。我国钴资源对外依存度很高，是动力蓄电池供应链安全的核心所在。因此，一是需要企业加快技术进步，降低动力蓄电池钴需求；二是政府要通过外交等手段稳定与钴主要生产国的关系。

我国镍资源储量不高，进口依存度较高，存在供应链风险。全球已探明的红土镍矿资源总量为126亿t。法属新喀里多尼亚、菲律宾、印度尼西亚和澳大利亚4个国家或地区拥有的红土镍矿资源储量排在全球前四位，其中，印尼与菲律宾镍矿山产量占全球的30%左右。菲律宾是我国最大的镍矿来源国，基本上垄断了我国的镍矿进口来源。国内镍矿主要分布在西北地区，保有储量占全国总储量的比例为76.8%。2019年，我国精镍进口量19.32万t，自产19.6万t，进口占比接近50%。因此，积极开拓更多镍矿进口源对保证动力蓄电池供应链的安全至关重要。

综上所述，动力蓄电池成本受原材料供应和价格影响较大，要保证动力蓄电池供应链安全，就需要从上游做好规划、备案和预警。

2. 驱动电机控制器

驱动电机控制器是控制电机驱动整车行驶的控制单元；作为电动汽车的核心部件之一，驱动电机控制器是汽车动力性能的决定性因素。驱动电机控制器从整车控制器获得需求，从动力蓄电池包获得电能，接收电机转速等信号反馈到仪表，经过自身逆变器的调制，获得控制电机需要的电流和电压，提供给驱动电机，使得驱动电机的转速和转矩满足整车的要求。

目前，主流驱动电机控制器供应商有博世、联合电子、博格华纳、舍弗勒、汇川、电驱动等，主要以外资供应商为主。我国功率半导体市场占世界市场的50%以上，但在中高端IGBT主流器件市场上，95%以上依赖进口，基本被欧、美、日企业垄断。部分本土企业拥有了一定的IGBT自产能力，代表性的企业为比亚迪、中车。

比亚迪自产IGBT接近国际先进水平，基本能够满足自供需求。中车虽然具备一定IGBT自产能力，但当前主要应用于高铁及客车领域，具有功率大、体积大的特点，还不太适合乘用车应用，需要进一步提升体积密度并实现小型化。

成本占比：驱动电机控制器中IGBT模块的占比可以达到物料清单（Bill of Material，BOM）成本的40%左右，利润被上游供应商获取，下游主机厂承担成本，因此电控系统成本较难自主控制。驱动电机控制器成本构成占比如图2-2-2所示。

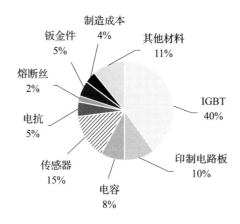

图2-2-2 驱动电机控制器成本构成占比

自主驱动电机控制器在整个产业链中的占比较小，在竞争中处于劣势，并且在核心部件中存在短板，对外依赖度高。驱动电机控制器关键零部件IGBT国产竞争力不够。

除IGBT外，部分电机控制系统部件、核心设备仍然依赖国际供应商，且存在供货风险或"卡脖子"的风险，主要是集成的CVS（电流/电压/温度传感器）、电流传感器、Hair-pin的制造设备及工艺。

驱动电机是电动汽车三大核心部件之一，是车辆行驶的动力系统的执行机构，是电能转化为机械能的载体，其特性直接影响车辆动力性、经济性和用户驾乘感受。驱动电机结构复杂，主要由定子、转子、壳体、端盖、磁钢、漆包线、轴承等零部件组成。驱动电机直接材料成本主要由磁性材料、钢材、铝材、铜材等构成，会受到市场行情波动影响。

自主驱动电机始终占据绝对份额，仅有极少数乘用车车型采用外资企业提供的驱动电机系统。我国已经形成了从驱动电机、驱动电机控制器、变速器、电驱动总成,到主要关键材料和关键器件的完整产业链,并基本实现了国产化。

(二) 新能源汽车产业链供应链的安全对策

1. 政策支持建议

在动力蓄电池原材料方面,保持与刚果(金)、智利、菲律宾等国良好的外交关系,保证原材料供应不受政治因素影响;缓和与澳大利亚的关系,尽量把政治因素与商业利益脱钩,保障锂资源稳定供应,确保新能源汽车战略稳定推进。

在驱动电机控制系统方面,支持国内企业研发生产高水平车用 IGBT,鼓励行业企业应用和采购国产 IGBT。

2. 企业应对策略建议

在动力蓄电池原材料方面,紧密跟踪和预判国际政治变化,开拓多国原材料供应渠道,降低对单一国家的依赖度,并做好资源储备工作,做好供应链安全预案。

本土车企应积极与比亚迪、中车等本土 IGBT 企业保持沟通,探讨合作研发模式,并试用其 IGBT 产品,加快向量产车匹配及应用本土 IGBT 供应商产品。

二、新能源汽车市场化关键零部件发展对策研究

(一) 动力蓄电池发展与对策

1. 动力蓄电池产业发展情况

(1) 动力蓄电池供需格局

受新冠肺炎疫情以及补贴退坡的影响,2020 年上半年新能源汽车产量大幅下降,动力蓄电池需求随之降低,对动力蓄电池市场出货量产生较大影响。

在产量方面,2020 年我国动力蓄电池产量累计 83.4 GW·h,同比累计下降 2.3%。其中,三元锂电池产量累计 48.5 GW·h,占总产量的

58.1%,同比累计下降12%;磷酸铁锂电池产量累计34.6 GW·h,占总产量的41.4%,同比累计上升24.7%,是唯一实现同比正增长的产品。锰酸锂和钛酸锂电池产量同比均呈现不同幅度的下降。整体产量数据中包含动力蓄电池企业海外基地生产部分,其中,三元锂电池累计产量12.6GW·h,磷酸铁锂电池累计产量3.3GW·h,如图2-2-3所示。

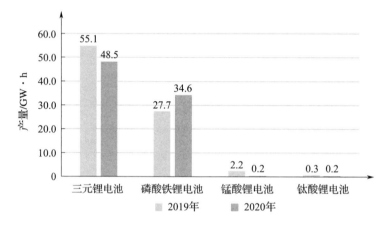

图2-2-3　2019年和2020年各材料种类动力蓄电池产量

注：此部分动力蓄电池产量数据为新能源汽车、低速电动汽车、电动工具等领域的合计数据。数据来源于中国汽车动力电池产业创新联盟。

在装车量方面,2020年我国动力蓄电池装车量累计63.6GW·h,同比累计增长2.3%,如图2-2-4所示。其中,三元锂电池装车量累计38.9GW·h,

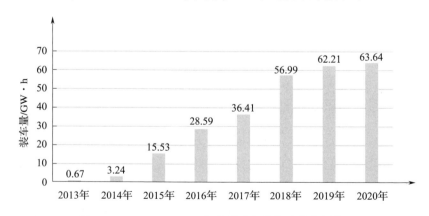

图2-2-4　2013—2020年我国动力蓄电池装车量水平

注：数据来源于中国汽车动力电池产业创新联盟。

同比累计下降4.1%；磷酸铁锂电池装车量累计24.4GW·h，同比累计增长20.6%，超越2019年同期水平，二者合计占比达99.4%，市场份额进一步集中，产品技术路线更为明确，见表2-2-1。

表2-2-1 2020年按材料类型划分的动力蓄电池装车量

（单位：MW·h）

材料种类	1—12月累计	同比累计增长
三元材料	38858.1	-4.1%
磷酸铁锂	24382.9	20.6%
锰酸锂	222.8	-55.9%
钛酸锂	116.3	-69.6%
其他	58.0	-89.8%
合计	63638.1	2.3%

注：数据来源于中国汽车动力电池产业创新联盟。

（2）动力蓄电池配套特点

整体来看，随着补贴对产业发展影响力逐年降低，新能源汽车市场化竞争程度逐年提高，企业均开始按市场化思路设计生产贴近用户实际需求的车型产品，已产生一定的用户黏性，动力蓄电池产品设计不再强调单一补贴指标，更多集中于车型性能需求。

从配套周期来看，动力蓄电池装车量同比增长主要体现在2020年下半年，如图2-2-5所示。2020年的新冠肺炎疫情对整车和动力蓄电池企业生产和销售均产生了严重影响，企业复工复产后的产销量较疫情前大幅下降，4月年度补贴政策正式发布，补贴金额整体较2019年下降10%，由于车企已有预期，在疫情得到控制后，新能源汽车产量自2月起整体保持缓慢增长趋势，未出现2019年补贴退坡导致的生产波动。动力蓄电池装车量自2020年7月开始实现同比正增长，同比增量主要集中在2020年下半年。

从材料种类来看，三元锂电池和磷酸铁锂电池仍为市场供应主体，磷酸铁锂电池在成本、安全性、循环寿命等方面均具有一定优势，且不包含贵重金属，受原材料价格波动影响较小，通过刀片电池等结构创新可满足600km行驶需求。除商用车市场外，2020年新能源乘用车企业在成本与安

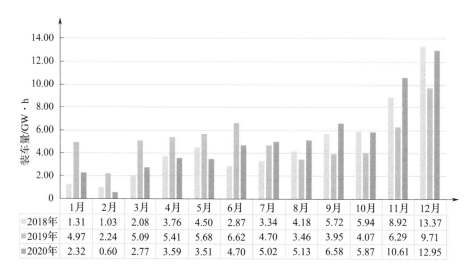

图 2-2-5　2018—2020 年我国动力蓄电池月度装车量（单位：GW·h）

注：数据来源于中国汽车动力电池产业创新联盟。

全压力下也增加了磷酸铁锂电池的选用，纯电动乘用车市场已出现近 30 款搭配磷酸铁锂电池的车型，磷酸铁锂电池在纯电动乘用车的装车量占比由 2019 年的 5.1% 上升至 2020 年底的 19.9%，继续呈现增长趋势，比亚迪、上汽插电式混合动力乘用车型也开始转向磷酸铁锂电池，如图 2-2-6 所示。锰酸锂和钛酸锂电池仍然配套于小众车型市场。

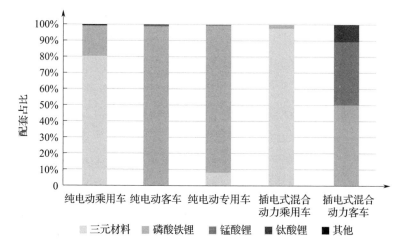

图 2-2-6　2020 年主流新能源车型不同种类动力蓄电池配套情况

注：数据来源于中国汽车动力电池产业创新联盟。

从应用车型看，纯电动乘用车仍旧为动力蓄电池主体配套市场。随着产业逐渐步入市场化发展轨道，特斯拉、蔚来、比亚迪等主流车企已形成品牌效应，私人用户对新能源汽车的认可度不断提高，充电配套基础设施不断完善以及汽车牌照、路权等优惠政策，成为促进纯电动乘用车市场规模继续保持快速增长的主要因素，使纯电动乘用车成为动力蓄电池最大的配套市场，2020年1—12月，纯电动乘用车动力蓄电池装车量为43.1GW·h，同比累计增长8.4%。纯电动客车和专用车配套量分别为11.7GW·h和4.25GW·h，占比均有所下降。具体见表2-2-2。

表2-2-2　2020年各车型动力蓄电池配套情况

（单位：MW·h）

车型种类	1—12月	同比累计增长
纯电动乘用车	43114.1	8.4%
纯电动客车	11748.8	-17.5%
纯电动专用车	4251.7	-20.5%
插电式混合动力乘用车	4150.8	70.1%
插电式混合动力客车	232.2	-5.1%
插电式混合动力专用车	13.6	122.4%
燃料电池客车	114.5	32.5%
燃料电池专用车	12.3	-84.4%
合计	63638.0	2.3%

注：数据来源于中国汽车动力电池产业创新联盟。

从外形工艺看，2020年方形、软包和圆柱动力蓄电池装车量分别为52.1GW·h、3.7GW·h和7.9GW·h，分别占动力蓄电池总装车量的81.8%、5.8%和12.4%。如图2-2-7所示，方形电池占比仍居首位，宁德时代、比亚迪、中航锂电、国轩高科、瑞浦能源等头部电池企业均以方形电池产品为主，见表2-2-3。在特斯拉Model 3车型产量提升的带动下，圆柱电池市场占有率较2019年增长明显，电池供应商包括LG化学和松下，随着磷酸铁锂版Model 3逐渐放量，未来圆柱电池市场份额增长或将放缓，其中，21700和32650等大圆柱电芯占比将进一步增长，见表2-2-4。软包电池主要应用于纯电动乘用车市场，孚能科技、捷威动力和亿纬锂能的装车量居于前三位，配套车型品牌主要包括传祺、欧拉、国机智骏等，具有较大成长潜力，见表2-2-5。

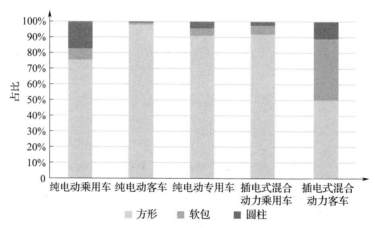

图2-2-7　不同外形动力蓄电池在主要车型中的分布情况

注：数据来源于中国汽车动力电池产业创新联盟。

表2-2-3　2020年方形电池装车量前五名企业

序号	企业名称	装车量/GW·h
1	宁德时代	31.40
2	比亚迪	9.48
3	中航锂电	3.55
4	国轩高科	2.19
5	瑞浦能源	0.95

注：数据来源于中国汽车动力电池产业创新联盟。

表2-2-4　2020年圆柱电池装车量前五名企业

序号	企业名称	装车量/GW·h
1	LG化学	4.04
2	松下	2.19
3	国轩高科	1.12
4	力神	0.20
5	银隆新能源	0.12

注：数据来源于中国汽车动力电池产业创新联盟。

表 2-2-5　2020 年软包电池装车量前五名企业

序号	企业名称	装车量/GW·h
1	孚能科技	0.85
2	捷威动力	0.57
3	亿纬锂能	0.43
4	宁德时代	0.39
5	多氟多新能源	0.38

注：数据来源于中国汽车动力电池产业创新联盟。

（3）动力蓄电池企业竞争格局

随着我国新能源汽车市场逐渐进入市场化竞争阶段，产品性能、知识产权、供应保障、质量管控能力与成本价格等市场因素已成为动力蓄电池企业竞争力的重要体现，市场资源分配更为集中，优胜劣汰竞争形势趋于白热化。

从企业数量来看，2020 年我国新能源汽车市场共计 72 家动力蓄电池企业（集团公司）实现装机配套，较 2019 年全年减少 7 家，如图 2-2-8 所示。企业梯队分层明显，龙头企业市场份额保持高位，宁德时代、比亚

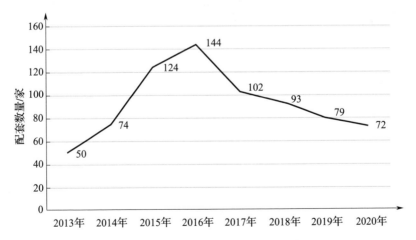

图 2-2-8　2013—2020 年动力蓄电池企业配套数量统计

注：数据来源于中国汽车动力电池产业创新联盟。

迪、LG 化学前三家动力蓄电池装车量占比 71.3%，宁德时代一家市场份额占比 50.0%，有 61 家动力蓄电池企业市场占比不足 1%，见表 2－2－6。市场竞争格局仍不稳定，中航锂电、瑞浦能源在乘用车市场表现出色，装车量排名分别为第四和第八名；不断有企业出局另觅其他细分市场，动力蓄电池企业数量将继续下降，如图 2－2－9 所示。

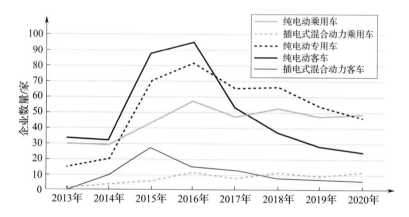

图 2－2－9　2013—2020 年不同车型市场动力蓄电池企业数量

注：数据来源于中国汽车动力电池产业创新联盟。

表 2－2－6　2020 年我国动力蓄电池装车量前 10 名企业

序号	企业名称	装车量/GW·h
1	宁德时代	31.79
2	比亚迪	9.48
3	LG 化学	4.13
4	中航锂电	3.55
5	国轩高科	3.32
6	松下	2.24
7	亿纬锂能	1.18
8	瑞浦能源	0.95
9	力神电池	0.92
10	孚能科技	0.85

注：数据来源于中国汽车动力电池产业创新联盟。

从地域分布来看，2020 年有装车配套的动力蓄电池企业分布在 22 个省市地区，其中以江苏、广东两地数量最多。广东省动力蓄电池企业主要为传统消费类电池企业转型，电池研发和生产经验丰富，具有较强竞争能力；江苏省近年来新增动力蓄电池企业数量明显增长，宁德时代、中航锂电、LG化学、孚能科技等龙头电池企业均选择在江苏设厂，这是因为，一是江苏省位于我国新能源汽车企业分布较多的长三角地区，在此设厂有利于与下游车企形成协同效应，降低成本；二是江苏省政策支持力度较大，重点支持开展产业链集群建设，企业可通过一体化发展提高抗风险能力，对动力蓄电池研发和生产均具有积极影响。

在外资动力蓄电池企业方面，2020年为国内新能源汽车市场配套的外资动力蓄电池企业共6家，配套新能源汽车数量12.5万辆，大部分为新能源乘用车，如图2-2-10所示。动力蓄电池装车量共计6.5GW·h，同比上升2687.9%，占动力蓄电池装车总量的10.2%，产品分为三元锂电池和锰酸锂电池。

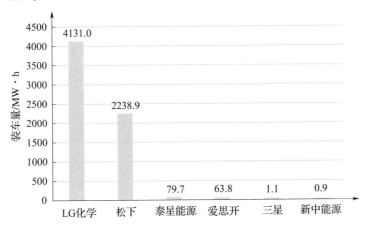

图2-2-10　2020年外资动力蓄电池企业在国内新能源汽车市场装车量

注：数据来源于中国汽车动力电池产业创新联盟。

国产特斯拉Model 3车型产能释放是外资动力蓄电池装车量大幅上升的主要因素，其余配套车型主要为丰田、通用等外资品牌，乘用车自主品牌目前包括北汽极狐（SKI）和金康赛力斯SF5（三星）两款，新中能源（新加坡独资）主要配套苏州金龙燃料电池客车。2020年外资动力蓄电池已开始供应丰田、通用纯电动合资车型,未来装车量增速呈现提高趋势,见表2-2-7。

表2-2-7 2020年外资动力蓄电池企业配套情况

序号	企业名称	配套车企
1	LG化学	上汽通用
		特斯拉
2	爱思开	北京奔驰
		北汽麦格纳
3	松下	广汽丰田
		特斯拉
4	泰星能源	一汽丰田
		广汽丰田
5	三星	重庆金康
6	新中能源	苏州金龙

注:数据来源于中国汽车动力电池产业创新联盟。

在动力蓄电池产品方面,日韩动力蓄电池企业均采用NCA/NCM高镍三元技术路线,产业化电芯产品能量密度最高均已超过250W·h/kg,与国内龙头企业基本相当,动力蓄电池系统能量密度最高为194W·h/kg,居于国内市场首位。

(4)动力蓄电池价格与成本分析

1)在价格方面,近年来在产业规模快速增长、技术进步、上游材料价格下降等多重因素推动下,我国动力蓄电池产品价格呈现迅速下降趋势。根据中国化学与物理电源行业协会统计数据,截至2020年12月,我国523方形三元锂电池电芯与磷酸铁锂电池电芯均价分别为0.66元/W·h和0.53元/W·h,如图2-2-11所示,对应系统均价分别为0.78元/W·h和0.63元/W·h,已降至1元/W·h以下,如图2-2-12所示。

2)在成本方面,现阶段动力蓄电池BOM成本仍占总体成本的60%以上,生产工艺改进和上游材料降价是企业降本的主要途径。据测算,现阶段我国523方形三元锂电池电芯与磷酸铁锂电池电芯平均成本分别为0.54元/W·h和0.41元/W·h,对应系统平均成本分别为0.76元/W·h和0.61

元/W·h；与价格相比，两种电池平均利润空间均已压缩至 0.1 元/W·h 以内。少数头部企业议价能力较强，仍有一定的盈利空间，多数企业为保留供货渠道，亏本或以成本价销售，对企业持续经营能力造成严重挑战。

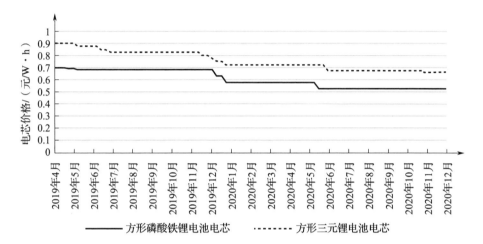

图 2-2-11　2019 年 4 月—2020 年 12 月动力蓄电池电芯价格走势

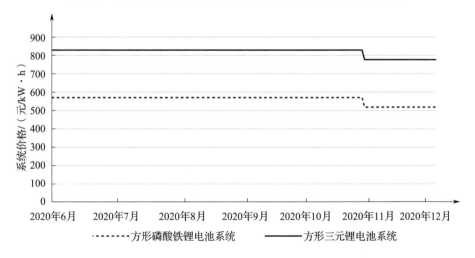

图 2-2-12　2020 年 6—12 月动力蓄电池系统价格走势

现阶段我国动力蓄电池企业降低成本主要有以下四种方式。一是扩大生产规模。近年来，宁德时代、比亚迪、国轩高科等龙头企业纷纷开启扩产模式，通过提升生产能力，提高生产线自动化水平，对提升电芯生产环节的良品率、降低产品单位生产成本具有非常显著的作用。数据显示，良品率每上升1%，动力蓄电池成本对应下降约1%。二是动力蓄电池结构创新。通过采用CTP、刀片电池等新型创新技术去除模组环节，可有效降低系统零部件数量，提高生产效率，对降低成本效果明显，未来或将成为主流趋势。三是上游材料布局。受制于上游原材料价格的不断波动，部分动力蓄电池企业开始通过自生产或签订长期订单来降低整个生产过程中的交易成本，增加抗风险能力。四是开展三元锂电池回收利用。退役电池可经拆解重组后用于储能、低速电动汽车市场，提高动力蓄电池全生命周期经济性，同时由于其含有的钴、锂等金属元素具有很高的回收价值，若回收后循环利用，则可有效减少原材料价格上涨对动力蓄电池成本的冲击，具有良好的经济效益。

2. 动力蓄电池技术发展情况

(1) 市场化产品技术情况

在补贴政策带动下，2017年至今，国内动力蓄电池产品能量密度总体呈现上升态势，三元锂电池产品仍以532/622材料+石墨体系为主，未来仍有一定上升空间，2020年国内市场三元锂电池系统产品能量密度最高达到194.12W·h/kg，单体能量密度最高达到280.59W·h/kg；磷酸铁锂电池能量密度已处于瓶颈期，未来提升空间较小。2020年，国内市场磷酸铁锂电池系统产品能量密度最高达161.29W·h/kg，单体能量密度最高达183.45 W·h/kg，如图2-2-13所示。

图2-2-13 2017—2020年我国动力电池系统能量密度情况-最高值

在成本与安全压力下，企业在动力蓄电池关键材料、结构设计等方面积极开展研发创新，开发出经济性更好、综合性能更出色的动力蓄电池产品和技术，对新能源汽车产品性能提升与市场推广起到积极影响。

一是基于高镍正极材料及无钴正极材料的电池技术。随着新能源汽车对续驶里程要求不断提高，712/811等高镍三元锂电池正成为企业重点研发方向，国内已实现规模量产并装车，单体能量密度可达260W·h/kg以上。能量密度更高的无钴正极材料是下一代具有市场竞争力的核心关键材料，宁德时代、LG化学、松下、蜂巢、特斯拉都助力此技术方向，中科院物理所松山湖实验室中试线已正式建成投产，蜂巢能源已实现无钴材料吨级量产，并已形成无钴电池样品，预计3年内实现规模化量产。采用无钴正极材料的锂离子电池，一方面可以大幅度降低原材料带来的成本压力，另一方面能够有效提升电池能量密度，单体电池及系统能量密度可提升40%左右，成本可降低30%，具有较高的商业化潜力。

二是CTP高效成组技术。通过取消电池模组组装环节，实现单体电池直接成组电池系统。根据公开资料，该技术使电池包重量成组效率从70%提升至80%，体积成组效率从56%提升至65%，零件数量减少25%，生产效率提高20%，目前已生产电池系统能量密度超过170W·h/kg，在研产品电池系统能量密度达到215W·h/kg，首款CTP电池产品已于2019年10月正式产业化生产，宁德时代、LG化学等动力蓄电池龙头企业均在开展大规模生产布局。

三是刀片电池高集成技术。刀片电池旨在通过增大电芯容量、优化封装方式、减少附属部件等方式提升电池能量密度、降低电池成本。刀片电池通过在一个电池壳体内设置多个极组，减少了外壳以及外部安装结构，提高了空间利用率。此外，通过超高集成效率的电池成组技术，实现超长尺寸电芯的紧密排列，无须考虑动力连接件的连接稳定性和可靠性。相对于传统磷酸铁锂电池，刀片电池单体体积能量密度提升了50%，系统能量密度提升了9%。整体成本可下降30%左右。目前刀片电池国内主要在比亚迪西安工厂生产，配套于比亚迪汉、宋车型。

(2) 新体系电池技术研发进展

支持高性能动力蓄电池技术的研发和产业化、提升车型产品竞争力是实现新能源汽车大规模推广的关键举措。目前，全球主要以高能量密度、长寿命和安全为出发点开展新体系电池研发，主要思路为改变电池正负极材料体系或化学反应机理，已取得阶段性成果。

1）锂硫电池。锂硫电池是以硫元素作为电池正极、金属锂作为负极的一种锂电池，其材料理论比容量和电池理论比能量较高。国内研究以高校和科研院所为主，主要包括军事科学院防化研究院、大连化学物理研究所、国防科技大学等。国外高校主要包括美国得克萨斯大学、斯坦福大学，加拿大滑铁卢大学，英国牛津大学；公司包括日本丰田、韩国LG化学、美国Sion Power和英国OXIS。现阶段锂硫电池比能量可达 400～450W·h/kg，循环寿命 50～100 周，功率性能相对较差，产品在某些特殊应用领域处于产业化的前期阶段，预计实现大规模产业化和应用还需要5年以上时间。

2）锂空气电池。锂空气电池是一种用锂作负极、以空气中的氧气作正极反应物的电池，比锂离子电池具有更高的能量密度。国内外研究机构均以高校和科研院所为主，国内主要包括中科院物理所、长春应用化学研究所、南京大学、国联研究院等；国外主要包括韩国三星、日本国家材料科学研究院（NIMS）、韩国汉阳大学、美国西北大学等。锂硫电池现阶段能量密度有望达到 500W·h/kg，但循环寿命较短，目前仍处于基础研发阶段，一些基础科学问题尚未解决，产业化前景还不明朗，技术突破需要10年以上。

3）固态电池。根据电池中是否含有液体电解液成分，固态电池可以分为混合固液电池和全固态电池，如图 2-2-14 所示。世界各国积极布局固态电池发展，我国在混合固液电池体系发展方面较为靠前，日韩等国则更重视无机全固态电池。混合固液电池是基于现有液态电池体系，通过部分引入固体电解质（氧化物或/和聚合物），缓解或部分解决现有液态电池的安全性问题，目前已接近准产业化；全固态电池有望实现更高的比能量及更好的安全性，目前仍处于研发及小批量试制阶段，距离产业化大规模应用仍有 5～10 年的时间。

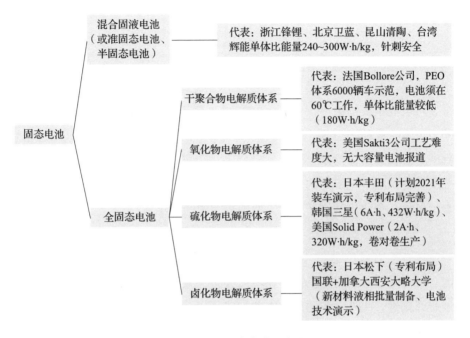

图 2-2-14 固态电池研发进展

3. 动力蓄电池产业发展存在的问题及对策分析

（1）存在的问题

尽管近年来我国动力蓄电池产业实现快速发展，生产规模和技术水平不断提升，呈现良好的发展态势，但结合产业上下游总体情况来看，仍存在较多问题，主要表现为以下几点。

一是产能供需结构失衡，低端产能闲置严重。据不完全统计，截至2020年年底，我国动力蓄电池产业名义产能已近300GW·h，产能结构分层严重，整体体现为高端产能供不应求、低端产能大量闲置。动力蓄电池品牌是消费者购买新能源汽车时需要参考的重要因素，主流车企均选择与龙头电池企业签署长期订单或合资建厂来保证供应，但由于第一梯队企业数量较少、梯队间产品性能差距明显、产能建设投入大、周期长等因素，现阶段优质产能难以满足各大车企的使用需求。此外，由于补贴政策调整较快，企业早期建成的产能已难以跟上产品更新迭代的速度；综合实力薄弱的中小型企业产能同质化建设严重，大部分依靠价格战进行市场竞争，正逐渐被市场淘汰，造成大量产能闲置。

二是补贴退坡降本压力向上传导，企业盈利水平大幅下滑。2020年新能源汽车补贴再次大幅退坡，车企盈利难度增大，动力蓄电池作为整车成本占比最高的零部件，降低其采购价格已成为整车降本的重要手段，已有车企将电池系统价格定在 0.68 元/W·h，低于或接近出货成本，进一步压缩了电池企业利润空间。由于高端产能不足，少数龙头电池企业在商业谈判中具有较高的议价权，通过规模化供货仍可保持一定利润空间，但仍受优质材料供应不足带来的价格波动影响；更多的企业则以接近或稍高于成本价供货，企业盈利水平下滑，面临较大的经营压力。

三是产品性能仍待提升，人才储备结构失衡。在与传统能源车型竞争中，现有动力蓄电池技术在循环寿命、能量密度、充电速度、高低温性能、安全性等方面仍待提升，还不能完全满足市场需求，需要产业持续开展研究探索。此外，我国高校人才培养仍以学术研究为主，主要集中在材料及新体系电池的基础研究上，具备工艺制造和工程化能力的人力资源严重不足。随着我国动力蓄电池产业市场规模的快速扩张，具有从业经验的技术人才越发匮乏，"挖人""挖团队"等方式已成为动力蓄电池企业解决人才需求的"不得已之选"。

四是安全管控稍显不足，消费者安全意识较为薄弱。近年来新能源汽车起火事故频发，严重影响消费者购买意愿。由于溯源管理平台尚未成熟，安全问题事后难以明确责任主体，对新能源汽车及动力蓄电池产业发展产生了较大舆论影响。另外，消费者安全防范意识目前仍较为薄弱，对新能源汽车，尤其是动力蓄电池等零部件使用过程中的保养不够重视，存在较大安全隐患。动力蓄电池产品安全问题仍需要产业高度关注，亟需新技术、新方法以实现新能源汽车产品100%安全。

(2) 对策分析

动力蓄电池产业市场化发展需结合产、学、研、政府各方面的优势和力量，关键在于核心技术水平的提升和市场化机制的建立，将产品安全和质量放在发展首位，建议从以下几方面开展工作。

一是优化产业竞争结构，提升产品质量水平。建议从政策层面加强全产业的布局指导，规范产业准入，提高新增产能建设的基本要求，严防产能结构性过剩。针对动力蓄电池头部企业，制定更多金融支持政策，为动力蓄电池企业业务融资提供便利；支持国内动力蓄电池企业快速开展国际产业布局。充分发挥行业平台的资源整合作用，构筑企业沟通渠道，推动有一定发展潜力的电池企业与车企开展深度市场化合作，前期可考虑在保证经营的基础上通过价格优势与主流车企达成长期供应关系，积累产品开发经验，稳步提升产品质量与技术水平，打造品牌效应。鼓励企业积极开拓电网储能、消费电子和低速电动汽车等市场布局，打开低端产能释放出口，提高产能利用率。

二是强化企业供应链掌控能力，降低生产成本。整合产业资源，鼓励动力蓄电池企业与上下游企业通过合资建厂、签署长期订单等方式加深合作，降低交易成本；深入开展电池回收利用合作布局，打造循环经济，提高电池全生命周期使用价值，降低电池材料成本；加快推进高镍材料、无钴材料等技术研发与产业应用，减少贵重金属依赖；优化完善产业政策，研究制订同一企业相同型号电池检测视同管理办法，优化完善动力蓄电池产品运输规范，有效减轻企业成本负担。

三是提高研发投入力度，技术创新引领产业发展。建议从政策层面引导和支持头部企业重点开展前沿技术研究，支持其全面参与全球化竞争合作；充分发挥创新中心、行业协会和联盟的纽带作用，联合科研院所、高校和企业开展协同创新，探索优化合作机制，提前布局下一代技术，从产业联盟角度持续开展电池标准化研究；联合高校和企业探索人才培养新模式，丰富人才储备。

四是强化安全管理，提高用户安全使用意识。建议健全动力蓄电池全生命周期监管系统，强化电池一致性抽检，倒逼企业注重产品一致性和安全性提升，鼓励安全创新技术研发与应用。加强使用环节的安全常识普及宣传力度，提高消费者使用安全意识，培养电动汽车使用新思维、新习惯。依托国家车用动力蓄电池质检中心搭建电动汽车安全管理平台，建立事故分析信息共享机制，减少或消除因信息不透明引起的舆论影响，保证产业健康可持续发展。

（二）电驱动系统发展与对策

1. 电驱动行业现状

（1）装机情况

从装机数量来看，2020 年，我国新能源乘用车配套驱动电机/电控装车量为 129.2 万台；我国新能源商用车配套驱动电机/电控装车量为 13.1 万台，如图 2-2-15 和图 2-2-16 所示。

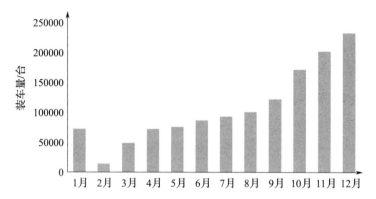

图 2-2-15　2020 年新能源乘用车电驱动系统装车量

注：数据来源于中国产业新信息网。

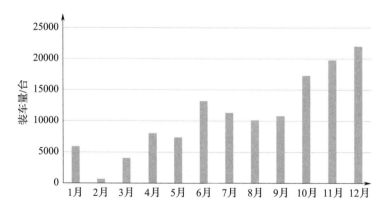

图 2-2-16　2020 年新能源商用车电驱动系统装车量

注：数据来源于中国产业新信息网。

（2）装机类型

从电机类型来看，2020 年，新能源乘用车永磁同步电机累计装车占比

96.7%，交流异步电机累计装车占比 3.3%，如图 2-2-17 所示。新能源商用车永磁同步电机累计装车占比 99.8%，交流异步电机累计装车占比 0.2%，如图 2-2-18 所示。可见永磁同步电机占据绝对主流市场。

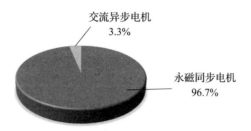

图 2-2-17　乘用车电机类型装车占比

注：数据来源于中国产业新信息网。

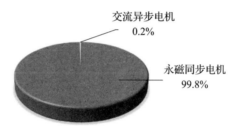

图 2-2-18　商用车电机类型装车占比

注：数据来源于中国产业新信息网。

（3）市场情况

目前，市场上应用最广泛的新能源汽车电机主要有永磁同步电机、交流异步电机和开关磁阻电机三类。三类电机中，交流异步电机成本低、结构简单，主要用于以特斯拉为代表的欧美系品牌，但其存在调速范围小、转矩特性不理想的问题，需要性能更高的调速器以匹配性能；永磁同步电机效率高、转矩和功率密度大，尺寸小、重量轻，常用于丰田和本田等日系品牌；另外，特斯拉 Model 3 也搭载永磁同步电机产品，但由于其需要稀土材料制成的永磁体为原材料，一定程度上受到资源的限制，成本较高。开关磁阻电机结构简单可靠，系统成本低，但其存在转矩波动大及噪声大等缺点，目前应用还受到限制，商用车应用居多。新能源汽车驱动电机更加重视生产可靠性和成本，永磁同步电机因具备可靠性好、体积小、重量轻的优势,成为技术主流,且占领了绝大部分市场。

国外主流纯电动汽车企业如宝马宣布将不会购买电驱动系统用于新能源车型,而是希望通过自主研发电驱动系统来保持竞争特色。奔驰布局电驱动业务,新一代电机 eMotor 将由奔驰自主研发,并且搭载精密的逆变器和高压技术。奔驰将整个集团所有的驱动系统技术整合至公司的新部门——梅赛德斯-奔驰驱动系统(Mercedes-Benz Drive Systems),该部门首次将开发、生产、相关领域以及跨部门职能、质量管理、规划和采购等结合在一起,提供发动机、变速器、动力蓄电池、电驱动系统以及相关的软硬件。

通用汽车的下一代纯电动汽车将采用奥特能(Ultium)电驱动技术,其中包括三款电机,以及通过电机灵活组合实现的五种驱动单元,助力通用汽车实现产品的全面电气化。结合电机与单档变速器,可直接将 Ultium 电池系统的电能输出至车轮,其模块化架构由通用汽车自主设计和研发,大多数部件将基于全球采购的零件在通用汽车现有的驱动系统生产线上生产。

大众、雷诺—日产、特斯拉等,均已开展电驱动系统的开发和应用,代表车型包括 Bolt 二代、E-Golf、ZOE 二代、Model S、Leaf 二代等。国外车企主要采用自主集成设计电驱动系统的方式,但在零部件方面则多依靠供应商体系来支撑。

博世碳化硅功率器件能够在实现高开关频率的同时,保持较低的能量损耗和较小的芯片面积,并增加电动汽车和混合动力汽车 6% 的续驶里程,如图 2-2-19 所示。

图 2-2-19 博世电驱动发展计划

注:数据来源于调研机构 Semicast。

万向集团公司发布了两档电驱动系列产品,该系列产品采用第三代混合同步电机与集成式两档变速器,WLTP工况下系统效率近90%,整车能耗降低7%~9%,兼顾动力性与经济性表现,如图2-2-20所示。800V碳化硅高压系统可大幅降低系统能量损耗并缩短电动汽车充电时长。第三代混合同步电机功率密度为4.8kW/kg,最高效率达97.5%。两档变速器及其先进控制策略显著提高了整车的动力性与经济性。

图2-2-20　万向电驱动系统总成

注:数据来源于调研机构Semicast。

随着电动汽车市场越来越大,电动汽车电驱动系统的发展逐渐受到重视,特别是集成化方面。博格华纳、华为等企业均带来了集成化的电驱动技术,如图2-2-21所示。

博格华纳推出iDM集成式电驱动模块	华为推出多合一、三合一等集成化电驱动系统
• iDM集成式电驱动模块主要包括两种型号:iDM200和iDM220,可以根据设计架构和不同应用,集成于乘用车和轻型商用车的前轴或后轴上。 **优势** • 该多合一电驱动系统解决方案具有较优的NVH性能,能够满足当前电动汽车和混合动力汽车传动要求,有助于电动汽车能耗的降低,紧凑、轻质、高效率的iDM产品同样有利于续驶里程的提高。 √ 到2025年前,博格华纳的iDM电驱动系统还将提供峰值功率达到300kW、峰值转矩达到4500N·m的产品。	• 多合一电驱动系统DriveONE • 该多合一电驱动系统是业内首款超融合动力域解决方案,将电机、MCU、PDU、OBC、DC/DC、减速器、BCU七大部件高度集成。 √ 一方面实现了机械部件和功率部件的高度融合。 √ 另一方面将智能化带入电驱动系统中,实现了端云协同与控制归一。

图2-2-21　主流供应商发展路线

注:数据来源于调研机构Semicast。

国外各大汽车零部件巨头均瞄准了电驱动系统市场，并竞相推出产品。大陆、博世、采埃孚、麦格纳、法雷奥西门子等均在我国市场推出了70~150kW的电驱系统，并获得了国内主机厂的订单。

国内汽车企业同样开展了相关研究，并将集成式电驱动系统作为主要方向，优秀代表包括长安、比亚迪、上汽乘用车、吉利等。

（4）主要电驱动企业

2020年电驱动整体装机量达到135.7万套，其中三合一电驱动系统配套总量达到50.6万套，占据整个电驱动市场的37.3%，三电系统领域朝着多合一系统发展趋势已日渐明显。目前多合一主要的参与企业有比亚迪和特斯拉，占据整个多合一市场的半壁江山。2020年排名前10位的电机和电控系统企业见表2-2-8和表2-2-9。

表2-2-8 2020年电机装机量排名前10位的企业

排名	企业名称	电驱动装机量/套	市场占比
1	比亚迪	184129	13.6%
2	特斯拉	138478	10.2%
3	方正电机	104967	7.7%
4	上海电驱动	90647	6.7%
5	蔚然动力	86604	6.4%
6	双林汽车	78510	5.8%
7	日本电产	75079	5.5%
8	博格华纳	54013	4.0%
9	大众变速器	52396	3.9%
10	精进电动	48814	3.6%

注：数据来源于中国产业新信息网。

表2-2-9 2020年电控系统装机量排名前10位的企业

排名	企业名称	电驱动装机量/套	市场占比
1	比亚迪	184086	13.6%
2	汇川技术	143363	10.6%
3	特斯拉	138478	10.2%

(续)

排名	企业名称	电驱动装机量/套	市场占比
4	联合电子	122423	9.0%
5	蔚然动力	86604	6.4%
6	日本电产	75079	5.5%
7	上海电驱动	66066	4.9%
8	阳光电动力	50102	3.7%
9	华域电动	47931	3.5%
10	麦格米特	34603	2.6%

注：数据来源于中国产业新信息网。

2. 行业发展趋势

新能源汽车经过十几年的发展，电驱动系统的发展趋势大致如下。

（1）扁线电机

扁线电机具有体积小、材料省、效率高、导热强、温升低的优点。相同功率下，扁线电机体积更小、用材更少、成本更低，或者相同体积槽满率更高、功能密度更高；温度性能更好，扁铜线电机绕组温升比圆铜线电机低10%；端部短，节省铜材，提升效率。

（2）驱动系统集成化

在前一代控制器仅存在物理集成的基础上，实现控制器的处理器集成。控制器的集成可使多种功能共用同一个微处理器、采用同一个控制板PCB，实现机械、电子、软件的集成；最大限度地共用芯片、电路板、机械壳体等，以降低成本；省去了线束，减少了线束传输过程中所带来的电磁兼容和噪声干扰，提高了可靠性；将众多的功能集成到单一控制器内，实现软件的集中控制，从而提高效率、方便管理。电驱动技术集成化，未来，三合一乃至多合一电驱动总成方案将成为主流。

（3）两档变速器

两档电驱动系统具有高压、高速、两齿轮箱及先进控制技术四大特点，两档电驱动系统，采用第三代混合同步电机与集成式两档变速器，显著提高了整车的动力性与经济性，兼顾了经济、运动、舒适、雪地等多模式换档策略,两档变速器技术将成为电驱动总成未来发展的主要方向。

(4) 第三代半导体控制器技术应用

控制器采用碳化硅模块,与传统的硅 IGBT 相比较,碳化硅 MOSFET 具有耐高温、耐高压、开关损耗低、导通损耗低的优点,驱动效率可提升 3%~8%,从而可以延长续驶里程。因此,行业需要进一步提升碳化硅芯片技术,提升碳化硅模块定制化的专业制造水平,进一步强化验证的过程(现在大多数都是样机,装车测试时间比较短,要加快适应性过程和研究);优化系统设计,提高集成化水平;大力发展国产碳化硅技术,打破国外垄断。同时要加强氮化镓技术的研发与应用,基于碳化硅作为衬底的氮化镓射频工艺有着更高的功率密度和更好的热传导性。当前已经应用碳化硅技术的整车有特斯拉 Model 3、比亚迪汉。图 2-2-22 是碳化硅功率模块的应用领域。

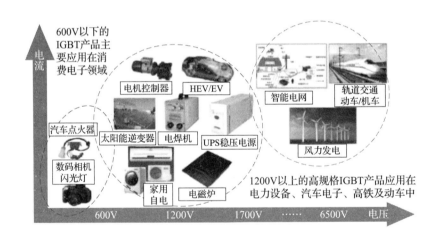

图 2-2-22 碳化硅功率模块应用领域

注:数据来源于智研咨询。

(5) 电磁兼容

针对控制器的电磁兼容(Electro Magnetic Compatibility,EMC)设计,尤其是第三代半导体碳化硅技术所带来的高频开关噪声,要在控制器有限的包络尺寸内,设计合适的 EMC 滤波器件和电路、高压直交流侧添加磁环、线束插接器考虑屏蔽等,同时还要考虑控制器的成本。

(6) 先进控制算法

通过六步控制算法等先进算法的汽车级应用,实现 PWM 相位和电机相位的高度同步。通过六步控制,在高转矩区域中,电机系统效率提高了 3.5%,转矩和功率增加了 15%~25%。通过高频谐波注入等先进算法,进一步优化电驱动系统的整体噪声表现。

(7) 极端情况下的控制安全

通过无位置传感器控制、反电势抑制等控制算法实现异常跛行、拖车安全、极端上山下坡工况下的控制安全。

(8) 功能安全

功能安全对于新能源汽车领域的技术提升有着巨大的推动作用,随着新能源汽车产业的发展,尤其是自动驾驶技术的推进,功能安全的系统架构也从单一架构转变为双重架构,因此,ISO 26262 也成为汽车行业普遍要求满足的一项标准,如图 2-2-23 所示。国外已经有很规范、成体系的功能安全设计,欧洲汽车厂商从 2005 年就开始制定汽车电子功能安全标准,并于 2011 年 11 月正式作为国际标准发布。国际大型车企非常重视

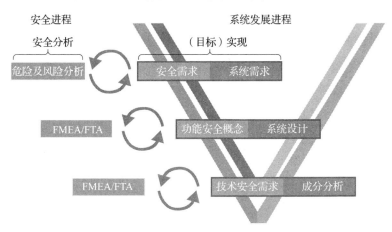

图 2-2-23 功能安全开发流程

注:数据来源于 ISO 26262。FMEA 是 Failure Mode and Effects Analysis 的缩写,即故障模式及有效性分析;FTA 是 Fault Tree Analysis 的缩写,即故障树分析。

ISO 26262 标准,并建立了功能安全管理体系,开发符合功能安全要求的产品已经成为进入这些国际车企配套体系的门槛。以博世、大陆、德尔福等为代表的国际零部件企业都宣称其控制器的转矩功能安全达到了 ISO 26262 的 ASIL C 等级。乘用车控制器产品应满足 ASIL 等级不低于 C 级,高端产品应满足 ASIL D,见表 2-2-10。

表 2-2-10 功能安全判定依据

严重性 S	S0	S1	S2	S3
描述	无伤害	轻伤或中等伤害	重伤或者致命伤害（可能生还）	致命伤（不确定生还可能）
可能性 E	E1	E2	E3	E4
描述	非常低可能性	低可能性	中等可能性	高可能性
可控性 C	C0	C1	C2	C3
描述	基本可控	简单可控	一般可控	难以控制或不可控

注：数据来源于 ISO 26262。

3. 当前遇到的问题

（1）扁铜线的制造工艺和制造材料难以突破

原材料、工艺、设备的难点才是扁线电机的壁垒,国外已有企业可以解决,我国面临的核心问题在于如何在制造工艺和制造材料上实现突破。

（2）功率类芯片的设计、制造、封装技术水平不足

芯片的核心产业流程主要是设计、制造和封装,目前主要依赖国际供应商；IGBT 芯片、数字处理芯片和驱动控制芯片,主要由英飞凌、意法半导体、恩智浦等企业主导。

从功率半导体种类来看,目前国内厂商主要以二极管、晶闸管、低压 MOSFET 等低附加值产品为主,毛利率相对较低,国内厂商现已有较为成熟和低成本的产品,占据了一定的市场份额。而在 IGBT 领域,英飞凌以绝对优势稳居第一。中国功率半导体市场占世界市场的 50% 以上,但在中高端 MOSFET 及 IGBT 主流器件市场上,90% 依赖进口,基本被欧、美、日企业垄断,如图 2-2-24 所示。

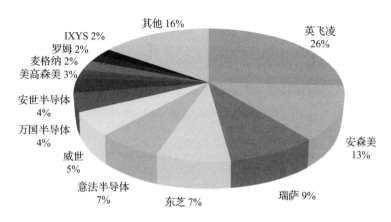

图 2-2-24 芯片巨头全球市场占比

注：数据来源于智研咨询。

国外企业，如英飞凌、ABB、三菱等厂商研发的 IGBT 器件产品规格涵盖电压 600~6500V、电流 2~3600A，已形成完善的 IGBT 产品系列。

英飞凌、三菱、ABB 在 1700V 以上电压等级的工业 IGBT 领域占绝对优势；在 3300V 以上电压等级的高压 IGBT 技术领域几乎处于垄断地位。在大功率沟槽技术方面，英飞凌与三菱公司处于国际领先水平。西门康、仙童等在 1700V 及以下电压等级的消费 IGBT 领域处于优势地位。

尽管我国拥有最大的功率半导体市场，但是目前国内功率半导体产品的研发与国际大公司相比还存在很大差距，特别是 IGBT 等高端器件差距更加明显。核心技术均掌握在发达国家企业手中，IGBT 技术集成度高的特点又导致了较高的市场集中度。与国内厂商相比，英飞凌、三菱和富士电机等国际厂商占有绝对的市场优势。形成这种格局的原因主要是，国际厂商起步早，研发投入大，形成了较高的专利壁垒。国外高端制造业水平比国内要高很多，一定程度上支撑了国际厂商的技术优势。

我国功率半导体产业的发展必须改变目前技术处于劣势的局面，特别是要在产业链上游取得突破，改变目前功率器件领域模块封装工艺强于芯片设计的现状。

总的来说，我国在技术方面存在的差距有：高铁、智能电网、新能源与高压变频器等领域所采用的 IGBT 模块规格在 6500V 以上，技术壁垒较高；IGBT芯片设计制造、模块封装、失效分析、测试等产业核心技术仍掌握在发达国家企业手中。

近几年我国IGBT产业在国家政策推动及市场牵引下得到迅速发展，已形成了集成设备制造（Integrated Device Manufacture，IDM）模式和代工模式的IGBT完整产业链，IGBT国产化的进程加快，有望摆脱进口依赖。国内IGBT主要厂商见表2-2-11。

表2-2-11 国内IGBT主要厂商

设计	制造	模组	IDM
中科君芯（江苏）	中芯国际（广东）	中车西安永电（陕西）	中车株洲时代（湖南）
西安芯派（陕西）	华润上华（江苏）	西安爱帕克（陕西）	深圳比亚迪（广东）
无锡同方微（江苏）	深圳方正微（广东）	江苏宏微（江苏）	吉林华微（吉林）
宁波达新（浙江）	上海先进（上海）	南京银茂（江苏）	杭州士兰微（浙江）
山东科达（山东）	华虹宏力（上海）	深圳比亚迪（广东）	中环股份（天津）

注：数据来源于搜狐汽车网。

尽管半导体芯片内部结构设计不断优化，但在工艺实现上却有相当大的难度，尤其是拨片工艺和背面工艺。半导体制造设备价格昂贵是制约企业发展壮大的一个原因，由于初期建设投资巨大，半导体行业的进入门槛极高，只有部分企业才有资金对制造设备进行投资，小型企业很难进入该行业，间接地导致了成本的居高不下。

（3）零部件功能安全等级低

国内主机厂和电驱动供应商对ISO 26262标准的理解和应用还处于初级阶段，急需提升自身的水平和能力。

（4）电控系统软件架构难以融入AUTOSAR标准体系

目前，国际主流的汽车电子软件架构AUTOSAR，是2003年由全球汽车企业、电子零部件供应商、汽车软件供应商等联合制定的开放式系统架构，具备可移植性和高复制性，同时提出了软件定义硬件的概念，且上层应用实现完全独立于硬件开发，复用性强。但我国主机厂及电驱动发展滞后，对软件的结构认识不足，且开发过程受限于AUTOSAR。因此，我国的C-AUTOSAR标准需要尽快完善，打破国际厂商的垄断，研制国产汽车电子基础软件，提高汽车电子器件国产化和现代化水平。

4. 对策研究

1）建议将电机、电控相关的生产制造企业纳入国家级高新企业目录，给予税收减免。

2）鼓励国内企业通过合资或引进国外企业独资方式，建立 IGBT 生产制造工厂，学习国外先进技术，提升电机核心控制芯片的制造水平，保证国内整车供应链的安全，促进功率半导体的健康发展。

3）建立健全新标准体系，追赶国际先进水平，淘汰落后技术，促进新技术产品的应用与发展，避免出现劣币逐良币效应。

4）鼓励所有企业提高自主化率，设置自主化率目标，给自主化率高的企业更多政策倾斜。对于当前自主研发能力不足的主机厂，建议与市场化比较成熟的供应商进行合作，保证供应链的稳定及整车品质。

子报告 三 新能源汽车智能化发展与对策研究

一、新能源汽车智能化发展面临的挑战与机遇

汽车产业与信息通信产业已经开始深度融合，汽车正经历电动化、智能化、网联化、共享化革命。新能源智能汽车是人工智能、5G、大数据、云计算、车规芯片及操作系统、传感器、高精度定位等新技术的集中体现，将带来万亿元级的创新产业价值，成为国际汽车产业竞争的制高点。未来的智能汽车将成为一台移动的超级计算机和持续创造价值的平台，其影响范围将远远超出这两个行业本身，成为人类社会新的革命性发展驱动力。

随着激光雷达、摄像头等传感器部署数量的增加，车与车、车与物、物与物连接的增多，数据传输需求越来越大，对通信传输带宽、可靠性、时延等提出挑战；另一方面，数据的增加、人工智能技术的应用，对计算能力提出挑战，计算+通信成为新能源汽车智能化发展的核心需求。

新能源汽车的计算与通信需求，对于车内来说，体现为区域组网+集中域控制器计算的新一代电子电器架构，将影响车内整车控制域（含动力电子、底盘电子、车身电子等）、自动驾驶域、座舱域等的智能化；对于车外来说，体现为基于 C－V2X 通信技术、边缘云计算和中心云计算架构支持自动驾驶演进发展的车联网，将影响车辆、交通、城市甚至能源系统的智能化。在这些产业技术蓬勃发展的背景下，欧盟在 2018 年发布的《通往自动驾驶发展之路》明确提出"零伤亡、零拥堵、零排放"发展愿景，美国 ITS JPO 在最近的连续两个 5 年战略规划中提出"重塑社会运行

的方式"发展愿景,从战略上推动新能源智能汽车产业发展。

智能化价值体验是促进新能源汽车市场化发展的有效方式。特斯拉 Model 3 率先实现整车软件的智能化升级,成为全球新能源汽车智能化的标杆车型。特斯拉通过 OTA 可以实现新增功能、修复系统缺陷、优化交互界面,给用户带来常用常新的极致体验;另一方面,特斯拉自研驾驶应用软件(全自动驾驶包 5.6 万元、基础辅助驾驶包 2.78 万元)、信息娱乐应用软件(高级会员 70 元/月),实现汽车软件和服务的二次销售,为用户提供持续运营服务,改变了汽车的商业模式。

2019 年 1—11 月,Model 3 在美国的销量达到 12 万辆,超越宝马、奔驰、奥迪等国际豪华品牌细分车型销量的总和,如图 2 - 3 - 1 所示。2020 年 1—9 月,Model 3 累计销量 23.8 万辆,占比 13.35%,成为全球新能源汽车领域最畅销车型,是新能源车型销量第二名的 3.7 倍,见表 2 - 3 - 1。国有品牌积极发力,例如,2016 年上汽与阿里巴巴开展战略合作推出全球首款量产互联网汽车荣威 RX5,成为互联网汽车新品类的标杆产品,先后投放了荣威 i6、荣威 RX3、名爵 ZS、大通 T60 等新品。

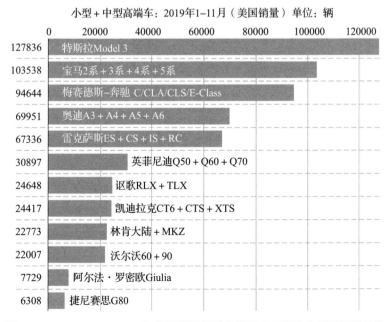

图 2 - 3 - 1 Model 3 2019 年美国销量超越各豪华品牌细分车型销量的总和

表2-3-1 2020年1—9月全球新能源乘用车分品牌/车型销量前20排名

(单位：辆)

排名	品牌/车型	生产企业	2020年1—9月	2020年9月	2020年1—9月占比
1	特斯拉Model 3	特斯拉汽车	238170	43055	13.35%
2	雷诺ZOE	雷诺汽车	64143	11267	3.59%
3	特斯拉Model Y	特斯拉汽车	41692	12685	2.34%
4	现代Kona EV	现代汽车	39935	8014	2.24%
5	日产聆风	日产汽车	36843	5333	2.06%
6	大众e-Golf	大众汽车	33048	3721	1.85%
7	宏光MINI EV	上汽通用五菱	32041	14495	1.80%
8	奥迪e-tron	奥迪汽车	31658	4795	1.77%
9	广汽Aion S	广汽新能源	30515	4548	1.71%
10	比亚迪秦EV	比亚迪汽车	30301	3474	1.70%
11	宝马530e/Le	宝马汽车	29263	2345	1.64%
12	帕萨特PHEV	大众汽车	28610	6092	1.60%
13	欧蓝德PHEV	三菱汽车	27078	3404	1.52%
14	起亚Niro EV	起亚汽车	25095	5203	1.41%
15	宝骏E系列	上汽通用五菱	24637	4236	1.38%
16	名爵eZS EV	上汽乘用车	23285	5317	1.30%
17	特斯拉Model X	特斯拉汽车	21970	6586	1.23%
18	福特kuga PHEV	福特汽车	21154	2213	1.19%
19	标致e-208EV	标致汽车	21098	3039	1.18%
20	欧拉R1/黑猫	长城汽车	21032	5141	1.18%
	TOP20合计		821568	154963	46.04%
	其他		962725	190556	53.96%
	全球总计		1784293	345519	100%

注：数据来源于ev-sales。上述车型包含纯电动和插电式混合动力。

未来3~5年是新能源汽车智能化发展的关键时期。软件定义汽车是智能化发展的最高形式，基础是电子电器架构的发展。软件定义汽车成为行业热门概念，内涵是软件将深度参与汽车的定义过程、开发过程、验证过程、销售及服务过程,并且软件将驱动汽车工业体系持续优化,实现整车智能化,让汽车变得更安全、更绿色、更便捷、更舒适。

软件定义汽车的价值在于让问题解决变得快速,对用户来说,汽车越用越好,带来惊喜的体验,构建起用户与车企的黏性,车企需要持续投入开发新软件,满足用户体验需求,汽车销售成为价值变现的起点。

软件定义汽车将使车辆控制和智能驾驶的驾驶体验、座舱的交互体验可以持续进化,成为智能化的最高形式。传统汽车的架构和商业模式无法支撑当前的传统汽车转型为智能汽车。传统汽车电子电器是由几十个功能独立的电子电控单元(ECU)组成,被各个零部件供应商(TIER1)所控制,受技术和商业模式的限制,无法快速协同升级,下车体动力系统是核心,整车厂负责定义整车底盘;智能汽车的电子电器由硬件集中的计算平台、操作系统为核心的基础软件平台和差异化的应用软件分层平台组成,下车体从发动机变成电驱动,将逐渐标准化,成为纯粹的机械执行层,是成本中心。

汽车竞争力差异化的核心从传统汽车时代的发动机、变速器、造型,向智能汽车时代的软件和体验转变。因此,电子电器架构变革是功能车向智能车转变的基础,是实现软件定义汽车的前提。博世提出的电子电器架构发展趋势得到汽车行业的广泛认可和引用,如图2-3-2所示。

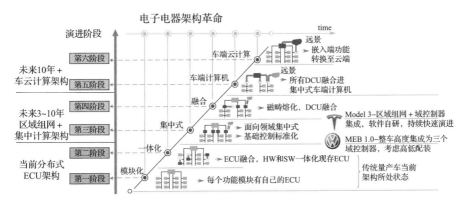

图2-3-2 电子电器架构发展趋势

特斯拉 Model 3 率先基于域控制器的电子电器架构实现软件定义汽车,如图2-3-3所示。特斯拉2018年全行业率先量产基于域控制器的

Model 3，包含自动驾驶、智能座舱两个域控制器和左右两个车身等区域接入控制器。其中，左右车身域控制器支持就近接入，减少线束，同时收编部分 ECU 的功能。

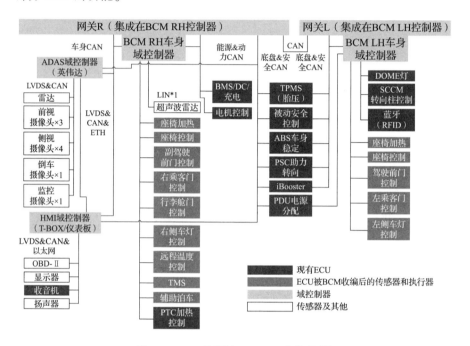

图 2-3-3　特斯拉 Model 3 架构简图

注：数据根据公开信息整理。

基于这个架构变革，特斯拉是全行业目前唯一具备整车软件 OTA 升级的整车企业，实现了整车功能的软件定义。有统计表明，2012—2019 年 4 月，特斯拉总共进行了 142 次 OTA 升级，其中导入全新功能 67 次，优化交互界面（HMI）逻辑 64 次，修复系统漏洞 11 次。最典型的一次智能化升级是 Model 3 出厂时，60mile（1mile＝1.609km）时速下制动距离为 46m，通过 OTA 升级，制动距离降到 41m，避免了一次召回事件。

面向未来 3～10 年，区域组网＋中央计算的电子电器架构成为行业共识。大众集团投资 340 亿欧元，支持新四化发展，提出 MEB1.0 平台，围绕三大域控制器硬件进行开发：ICAS1 - 车辆基础功能，ICAS2 - ADAS，ICAS3 - 座舱，实现硬件计算能力平台化，预期 2021 年商用；进一步提出

MEB2.0，2019 年成立"Digital Car&Service"部门，围绕 v. w. OS + ODP 云计算平台进行开发，目标不是为了降成本，而是为了建立跨车型统一的软件基础平台，支持整车软件升级，实现与特斯拉的技术和商业模式对标。

沃尔沃提出 SPA2 架构平台，支持 Zonal 架构演进，包含多个区域网关（VIU）和两台集中式计算单元（VCU）硬件平台，构建面向服务软件架构的平台，支持软件持续集成。通用、雷诺、丰田等国际知名车企，以及博世、安博福等零部件供应商（Tier1）积极开展区域组网 + 中央计算的架构解决方案研究，支持硬件和软件平台化，支持汽车功能特性软件差异化升级，预计 2021～2024 年逐渐量产。上汽软件中心零束科技承担了新一代电子架构、SOA 软件平台、OS 和 AI 算力芯片等研发任务。

综合来看，国际车企采用区域组网 + 中央计算新一代电子电器架构逐渐进入量产的关键阶段，将与传统架构汽车形成代差的竞争力，未来 3～5 年是通过新一代电子电器架构加速我国新能源汽车智能化发展的关键阶段，也是巩固我国新能源汽车领域来之不易优势的重要途径。

二、新能源汽车智能化发展产业链优劣势分析

我国新能源汽车智能化发展具备良好基础，在整车制造领域，初步具备国际竞争能力；在新能源零部件执行器领域，取得了一席之地，部分企业甚至建立了优势。

（1）在操作系统等基础软件平台领域

斑马的阿里 OS 面向智能座舱领域，东软、普华面向整车控制操作系统（Classic AUTOSAR）基础软件领域；华为已经发布三大操作系统基础软件平台。

（2）集中计算基础硬件平台领域

德赛西威基于英伟达芯片平台推出面向自动驾驶域的硬件平台，地平线发布征程 2 芯片支持自动驾驶，华为发布智能驾驶与控制器平台（MDC）、智能座舱域控制器平台（CDC）等。

（3）车联网领域

在 IMT-2020（5G）推进组 C-V2X 工作组、中国智能网联汽车产业

创新联盟、中国汽车工程学会等联合推动下，从 2018 年 20 家企业的"三跨"应用示范、2019 年 63 家企业的四跨应用示范，到 2020 年 40 多家整车企业、40 多家终端企业、10 余家芯片模组企业、20 余家信息安全企业、5 家地图商和 5 家定位服务商参与的新四跨应用示范，表明基于 C – V2X 的车联网产业链具备一定成熟度，可以满足给人提供告警服务场景的商业化部署，支持面向自动驾驶车联网场景的测试和验证。

三、新能源汽车智能化发展面临的关键问题

产业布局要保障我国新能源汽车智能化发展的产业安全，智能化的发展将改变汽车弱电控制领域的整体架构，涉及整个汽车产业生命周期，影响汽车产业的整体竞争力，产业安全的重要性在当前国际大环境中尤为突出，新冠脑炎疫情期间可以看出产业链的安全对国民经济的重要性；另一方面，中美之间的技术高度决定了未来 20 年国民经济的发展。

在新能源汽车智能化领域，我国在车规技术体系方面存在明显的短板。

1）车载芯片方向，包括但不限于高算力处理器、车载电源芯片、存储芯片、车载通信芯片、连接器等存在短板；车载半导体人才也很稀缺。

2）车规器件产业链方向，包括但不限于芯片制造厂、封测厂的可用资源及光刻胶等车载辅料紧缺。

3）车载软件领域，车用操作系统和车载商用工具链都由国外供应商把持。按照目前产业技术发展水平，主要包含三类：①面向动力电子、车身电子控制，安全性和实时性要求高，主要包括 Classic AUTOSAR；②面向自动驾驶的操作系统，QNX、linux、Adaptive AUTOSAR 等；③面向座舱人机交互的操作系统，主要包括安卓（Android）等。

4）底盘领域，汽车部分执行器长期受制于国外供应商，比如线控转向、线控制动、汽车电子稳定系统（ESP）等。

紧跟产业趋势，技术创新要提前布局，尤其是架构性创新。国际产业的竞争，往往是体系架构和模式的竞争。从新能源汽车智能化架构和模式这个高度来看，目前存在的制约因素如下。

1) 产品管理：禁止高速公路、城市快速路试车，缺乏标准，中高级智能驾驶禁止生产、销售和进口并且缺乏产品准入制度。

2) 交通管理：在驾驶主体、责任界定、车辆保险领域，现有管理体系不适用于智能驾驶车辆。

3) 信息安全：在云平台安全、信息数据安全领域缺乏明确的数据存储、信息分类、认证、保护等级要求。

4) 基础设施：道路设施交通信息化标准需要扩充，明确智能道路分级，制订道路基础设施与其他系统的协调管理规范。高精度地图方面需要进一步满足地图审核、地图出版、地图更新等方面的法律法规。

四、新能源汽车智能化发展对策分析

汽车产业的特点是技术门槛高、投资密集、人才密集，导致投资风险大、周期长、产业竞争度高，国际汽车产业的竞争成为头部企业之间的竞争。经过多年发展，我国整车企业的整车集成能力取得显著进步。不足以改变我国汽车产业大而不强现状的关键是，汽车领域的关键技术与核心零部件和器件一直受制于国外零部件供应商。面对百年不遇的智能汽车变革机会，计算与通信成为变革的核心需求，发挥信息产业优势，在智能汽车关键技术与核心零部件上凝聚产业共识，发挥我国产业政策优势，我国新能源智能汽车产业有机会跟进甚至构建国际领先的产业竞争力。

（1）凝聚智能化发展共识，跨车企跨车型基础架构平台共用

有企业提出计算与通信架构方案（Computing and Communication Architecture，CCA）如图2-3-4所示，顺应新能源汽车产业发展趋势，满

图2-3-4　智能汽车计算与通信架构

足新能源智能汽车计算和通信需求，搭建汽车新一代电子电器架构：CCA，包含区域网关（VIU）、智能驾驶域控制器平台（MDC）、智能座舱与控制平台（CDC）、整车控制平台（VDC）四大集中计算平台，受到国内外智能汽车产业链高度重视。

CCA架构的价值和优势在于实现区域组网+中央计算架构，通过区域网关（VIU）支持传统汽车执行器、控制器、传感器的就近接入，兼容传统汽车架构，同时通过基础软硬件平台化，支持软硬解耦，实现软件定义汽车，全面满足车企整车软件OTA，对标特斯拉的需求。

统一基础架构下，通过区域网关VIU、MDC、CDC、VDC不同数量的搭配组合，可以满足高、中、低不同档次汽车智能化发展需求；同时，通过平台化，降低各种控制器及软件定制开发费用，满足整车企业成本控制要求。

兼容支持L1、L2级自动驾驶功能特性，支持向L4、L5级自动驾驶平滑演进。

产业链上下游共同制订CCA标准规划，整车企业可以灵活选择不同供应商的不同CCA部件，传统的执行器可以通过执行器和应用软件算法分开销售，实现产业链共赢。

基于CCA架构，华为开展新能源汽车数字化基础平台方案产业化研究，包含区域网关（VIU）、智能驾驶域控制器平台（MDC）、智能座舱域控制器平台（CDC，模组）、整车控制平台（VDC）、智能驾驶操作系统（AOS）、智能座舱操作系统（HOS）、整车控制操作系统（VOS）、车载软件框架（HAS-Core）及工具链，如图2-3-5所示。该方案致力于推动"平台+生态"的产业链协同创新发展战略，通过MDC、CDC、VDC和操作系统等基础软硬件平台对外开放，支持产业链伙伴开发智能驾驶、智能座舱、整车控制平台上层应用软件和算法，同时与车辆底层各种传感器、执行器和控制器兼容对接，共同协助车企迎接软件定义汽车时代，直面国际汽车产业竞争。

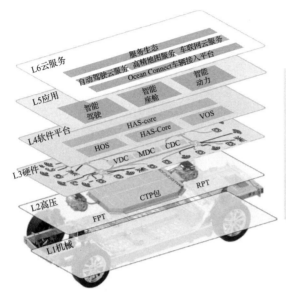

图 2-3-5　华为数字化汽车平台产业化方案

（2）凝聚 CCA "平台 + 生态" 产业发展战略共识

汽车产业发展历史上，电子电器架构的研究、标准、产品历来为国际车企和零部件供应商所主导，我国汽车产业整体上处于跟随应用状态。面对新能源汽车智能化发展机会，我国第一次有企业能够跟上国际汽车产业发展节奏，提出新一代电子电器架构方案，需要国内汽车产、学、研、用产业链协同起来，引导面向 CCA 方案的有效投资，一起加速 CCA 的研究，支持跨车企跨车型的基础架构平台及产业链协同解决方案量产，共同制定行业标准，支持我国整车企业应对国际产业竞争，有助于构筑我国新能源汽车面向未来 10 年甚至更长时间的产业竞争力。

车规芯片设计、制造、封装、认证、人才等存在短板，应有组织地扶持半导体供应商在车载芯片开发上投入，扶持芯片制造厂、封测厂增加车规生产线建设，实现车规工艺提升。集中国家力量加速建立国内车规芯片测试认证资源，如功能安全、AECQ、EMC、NVH 等。加强重点高校车载芯片产业链的人才培养，国家通过政策引导高端人才向车载芯片产业链汇聚。鼓励车载芯片工具链开发，并联合产业链上下游推广生态，快速催熟工具链能力。

搭建车内车外架构，聚焦"区域组网+集中计算"的CCA，有组织地通过国家项目、国家标准等措施，牵引产业链，围绕软硬件基础平台，牵引车辆底层执行器、传感器、控制器、上层智能驾驶、智能座舱、整车控制领域应用软件和算法等产业生态汇聚，实现量产车型的快速迭代和完善。

发挥我国体制优势，推动明确高速、城市车联网投资建设运营主体。明确车联网投资建设运营主体，可以通过给人提供告警服务的C-V2X的商业化，提高网联车辆渗透率，可以提高交通精细化管理水平，同时为高等级自动驾驶提供实际道路测试验证环境，进一步明确自动驾驶对车联网通信技术、信息安全等的技术挑战，实现产业链正向良性循环。

五、新能源汽车智能化发展建议

1）加速布局区域组网+集中式计算的电子电器架构。手机领域有苹果iOS的垂直集成模式和Android的平台模式。特斯拉没有历史包袱，突破了分布式ECU架构，采用集中式的域控制器架构，率先实现整车级OTA，在新能源汽车智能化领域领先国际主流车企3~5年，成为汽车产业中的"苹果"。国内外车企如何应对特斯拉的竞争，迫切需要汽车领域的平台"Android"，我国新能源汽车智能化产业领域，需要考虑加速布局，赢得话语权。

2）加速布局支持自动驾驶演进的车联网。车联网可以提升车辆、交通、城市甚至能源的智能化水平，是最有可能实现万物互联、万物感知、万物智能的领域，将孵化未来智能社会的雏形。面向给人提供预警信息的车联网，可以满足L3级以下自动驾驶需要，产业链已经具备商业化条件。从自动驾驶视角来看，用于控制车辆的信息要满足车规功能安全等级最少在ASIL B以上，因此，如果车联网道路基础设施要按照车规功能安全重新设计，成本不可控。发挥我国信息通信产业优势，加速布局支持自动驾驶演进的车联网，是构建我国新能源汽车智能化发展优势的重要方向。

3）构建良好标准产业生态是产业健康发展的重中之重。为构建我国在新能源智能化领域的影响力甚至领导力，需要打破车内、车外传统的"烟囱式"系统的技术和商业模式，面临各种传统技术商业力量的牵制，需要政府和整车企业发挥战略决断力，构建支持平台化发展的良好产业生态。

4）标准机制要有相应调整。互联互通是通信产业的基本属性，往往先制定标准，再开发产品，其终端产品往往一两年就更新换代，基站等基础设施一般5~8年更新换代。汽车交通领域是实践科学，产品开发出来证明有效后才制定行业标准，终端产品往往有10~15年的生命周期；而道路桥梁基础设施生命周期往往有几十年甚至上百年。新能源汽车智能化的发展，是两个产业的融合，需要考虑产业化的紧密协同创新机制的融合。

5）完善政策法规、评测体系、新监管体系等保障措施。新能源汽车智能化领域有众多新技术，需要建立完善的保障措施，鼓励产业界用于尝试，同时保障产业健康有序发展。应加速解锁高等级智能驾驶法规。为匹配产业发展节奏，建议2021年解锁中高等级智能驾驶标准法规，2025年完善智能驾驶法律法规体系。

6）加强构建智能化产业安全和竞争力国家政策支持力度。面对新能源汽车智能化领域百年不遇的机会，同时考虑到当前国际大环境，提升我国新能源汽车产业智能化国际竞争力，保障智能化领域的产业安全，建议国家新能源汽车智能化产业政策围绕补短板、建优势、完善保障措施展开。

7）加速建立智能驾驶评价体系。建议国内标准产业组织牵头，从测试评价流程、测试场景构建、测试方法（包括虚拟仿真测试）、封闭场地测试、实际道路测试等环节，明确汽车产品的评价指标：考虑安全、体验配置等维度。

8）完善新能源智能汽车监管体系，尤其是OTA打破了现有的监管体系，需要工信部、公安部、国家市场监督总局、交通运输部等多个部委协同，自上而下推动建立新的监管体系。

9）建设智能驾驶评测和豁免体系。需要明确评测的指标体系，同时要鼓励国内整车企业勇于创新尝试，也要避免"劣币驱逐良币"，从而影响整个行业的健康发展。

子报告四 新能源汽车基础设施建设发展与对策研究

自2012年国务院发布实施《节能与新能源汽车产业发展规划（2012—2020年）》以来，我国新能源汽车产业持续快速发展，成为引领世界汽车产业转型的重要力量。2020年3月4日，中共中央政治局常务委员会会议提出要加快新型基础设施建设进度，新能源汽车充电桩作为"新基建"七大领域之一，成为国家经济发展布局的重中之重。2020年5月，国务院政府工作报告中明确指出，重点支持既促消费惠民生又调结构增后劲的"两新一重"建设，新能源汽车充电桩作为其中"一新"再次成为关注焦点。2020年10月，国务院审核通过的《新能源汽车产业发展规划（2021—2035年）》强调，将大力推动新能源汽车充换电网络建设，为新能源汽车充电基础设施建设确立了总基调。国家一系列的政策举措将进一步助推我国从汽车大国迈向汽车强国的战略目标快速实现。

一、充电基础设施产业发展现状

（一）充电基础设施发展整体情况

我国新能源汽车销量继续保持增长态势，与之配套的充电基础设施保有量同样得到了快速增长。截至2020年12月，全国公共充电桩保有量为80.7万台，其中交流充电桩49.8万台、直流充电桩30.9万台、交直流一体充电桩48.1万台。2020年1—12月，月均新增公共类充电桩约2.4万台，已建成充电站的数量达到63.6万座，换电站数量则增加到555座。

（二）技术路线进展情况

1. 传导式充电

当前，传导式充电依然是我国新能源汽车最主要的充电方式，随着新能源汽车产业快速发展，大功率充电技术已成为行业内普遍共识。乘用车市场主要采取升高电压平台和增大充电电流两种路线实现大功率充电；商用车市场由于车辆自身搭载的电池包电压较高，主要通过增大充电电流的方式实现大功率充电。2020年5月，CHAdeMO协会（日本电动汽车快速充电器协会）和中国电力企业联合会共同发布了CHAdeMO快充标准的新版本CHAdeMO 3.0，项目名为Chaoji，标志着传导式充电技术将进入新的发展阶段。

2. 自动充电

一方面，随着动力蓄电池技术的不断突破，能量密度更高、续驶里程更长的新能源汽车成为市场主流，因此车辆对充电功率升高的需求也在持续增大。另一方面，电动化让汽车由一个机械产品变成了电子产品，集合5G通信、高精度地图、激光雷达、人工智能、大数据等尖端科技的无人驾驶车辆逐渐走入人们的生活。自动充电技术的诞生，兼顾了日益增长的大功率充电需求和面向未来无人驾驶车辆的自动充电需求，成为未来新能源汽车充电基础设施建设的重要组成。现阶段，充电弓、安全充放电（Safe Charge-Discharge，SCD）系统等自动充电产品已在市场上实现商业化运营。

3. 无线充电

当前，无线充电技术尚处于起步阶段，技术规范和商业模式还不够成熟。虽然无线充电技术已在个别领域实现了小范围的推广应用，但该项技术需要大量精密的电子部件做支撑，高昂的造价成本使其短期内很难实现大范围商业化应用。相比于传统有线充电，无线充电的充电功率小、转换效率低，过长的充电时间让充电体验大打折扣。此外，民众对电磁辐射的担忧也成为阻挡该技术发展的重要障碍。能源行业涉电力领域信用评价标准化技术委员会已就无线充电技术的相关标准展开编制工作，商业化实践还需要进一步推进，未来无线充电技术将率先在私人乘用车领域实现推广，而面向商用车专用领域的成熟无线充电技术尚待时日。

4. 换电技术

换电技术是目前新能源汽车能量补给最为快速的方式之一，相较于传统的传导式充电，换电模式可以在几分钟内完成操作，用户体验较好；创新的车电分离模式，大幅降低了消费者的购车成本。然而，建设换电站投资成本大、多车型动力蓄电池标准难以统一等因素，严重影响了换电技术的普及，使得换电仍是一个小众市场。2020年4月，国务院发布的《关于完善新能源汽车推广应用财政补贴政策的通知》中明确鼓励换电模式的推广，支持换电模式的新能源汽车可以继续享受财政补贴。国家的政策鼓励为换电市场带来了良好的机遇，换电技术的可行性商业模式还将继续。

（三）充电技术取得突破

1. 居民小区有序充电技术

开发小区及其周边停车位为电动汽车智能充电的新型互联网产品，具有覆盖广泛、共用共享、有序充电、即插即充、支付无感等优点，可以改变传统公共充电桩和私人充电桩的形态，实现用户的便捷共享充电。通过智慧车联网云平台智能操控完成有序充电，并且提供搜索附近空闲电源插座、充电完成信息提醒等智能服务，在解决乘用车用户充电难问题的同时，实现用户、车企、汽车经销商、小区物业、电动汽车公司、电网公司的多方共赢。

2. 大功率自动充电技术

在上海、成都等城市的纯电动公交车上广泛使用的智动柔性充电弓产品就是我国目前大功率自动充电技术的最好应用实践。该产品从未来无人驾驶汽车的大功率充电和自动充电需求出发，解决了车辆定位、充电弓对位等问题，并具有完善的防误闭锁等功能。运用人工智能技术持续监测触头压力、接触电阻、温度等指标，解决可靠接触及除尘、除雪等难题。运用物联网技术，将设备数据上传，通过大数据比对，保证人、车、设备安全。创造出世界第一的无须人工操作,自动识别、自动匹配、自动除尘、智能充电的人工智能充电弓。该产品技术的主要特征如下。

1)秒充。通过自动插接的接口,充电电流可达 1000A,相当于 4 把国标充电枪的通流能力,最大充电功率可以达到 1000kW,真正实现充电 40s、续驶 10km。

2)省地。充电接口位于公交车顶部,很好地利用了车辆顶部空间。有两种安装方式:落地式主要用于路边安装,可以将公交停靠站和充电站合二为一,减少占地面积;吊挂式主要用于停车楼或者停车库,彻底取消对地面的占用。

3)安全。智动柔性充电弓可以搭载基于充电网的两层防护技术,通过大数据分析保障充电过程的安全性。同时,智动柔性充电弓的智能化可以脱离人员的操作,杜绝人员安全隐患。

4)智能。车辆进入充电区域内,智动柔性充电弓与车辆会自动建立通信,通过近场通信技术确定车辆到位情况,自动进行通信对接、启动充电和费用结算,完全不需要人为干预,是解决无人驾驶公交车自动充电问题的重要方案。

5)耐候。目前,智动柔性充电弓已经在我国上海、成都及中东部分城市实现区域商业化应用。经历过高温、高湿、台风、暴雨和沙尘等恶劣环境的考验,具有优异的耐候性。

3. 核心部件性能进一步提升

如今,充电关键技术已经全面突破,产业链进入增速发展阶段。充电模块功率变换拓扑架构、软件算法技术持续突破并进入成熟应用阶段;功率器件、磁集成器件、电解电容等关键部件产业链布局已经完善,支撑充电基础设施产业进入规模建设阶段。

1)充电模块功率持续提升,充电模块标准逐步完善。直流充电机功率提升已经成为行业趋势,驱动充电模块功率已经由最初的 10kW、15kW 向 20kW、30kW 主流功率段应用演进。2020 年 T/CEC 368—2020《电动汽车非车载传导式充电模块技术条件》发布,将引导充电模块功率进入有序发展阶段，未来将持续向 40kW、60kW 发展。

2）充电模块可靠性持续提升。面向日益复杂的使用环境，特别是一些极端气候环境，即使充电模块满足安全和性能标准，也常出现故障率高的挑战，围绕提升安全性、使用寿命、耐候性目标，通过按照近海环境、户外粉尘环境、大气污染环境进行分层分级订立标准，充电模块可靠性进入可衡量、可改进、可验收的良性发展阶段。

3）充电模块的输出工作电压范围持续提升。面向车型的发展演进，输出电压向更高等级发展，达到 DC750V、DC1000V，可靠性进一步提升，充电时间进一步缩短。

4）高效率已经成为行业共识。主流模块厂家的效率均已突破 94%，效率高于 96% 的充电模块将会得到更多的应用。

5）充电模块尺寸标准化。以国网"六统一"为代表的模块标准化设计已经逐渐得到行业的认同，在核心模块尺寸（218mm×458mm×84mm）相同的情况下，模块功率由 20kW 提升到 30kW，未来向 40kW 演进，做到"标准化、模块化、可演进"，以保护运营商投资安全。

二、充电基础设施产业发展问题与挑战

（一）充电基础设施安全隐患大，烧车频发给社会带来焦虑

1. 充电安全方面

在汽车工业强国战略的带动下，我国新能源汽车产业得到迅猛发展，注册新能源整车制造和配套零部件供应企业达上千家。一方面，新能源汽车承接我国能源结构转型之重任；另一方面，新能源汽车的规模化应用将大幅改善我国乃至全球的环境质量。因此，新能源汽车的推广应用成为近些年热度不减的头号话题。新能源汽车制造相较于传统燃油汽车制造的门槛更低，在各方资本的极力追逐下，全国各地纷纷上马新能源汽车制造项目。但正是由于跨界资本的疯狂进入以及传统造车企业的逐利，市场上新能源汽车产品质量参差不齐，而频繁发生的烧车事故严重打击了消费者的购买信心，影响新能源汽车产业的健康发展。2019—2020 年按照车辆着火状态统计事故数据占比情况见表 2-4-1。

表 2-4-1　2019—2020 年按照车辆着火状态统计事故数据占比情况

着火时车辆状态	2019 年数据统计		2020 年数据统计	
	事故总数	占比	事故总数	占比
充电状态	37	21.64%	33	21.02%
行驶状态	53	30.99%	46	29.30%
静置状态	62	36.26%	51	32.48%
未知	19	11.11%	27	17.20%
总计	171	100%	157	100%

注：根据公开数据整理。

2019 年以来，新能源汽车国家监测平台监测新能源车辆着火事故共计 328 起，涉及车辆 395 辆。动力蓄电池问题依然是新能源汽车烧车事故的主要原因。在已查明烧车时车辆的状态中近 2/3 是发生在充电过程中以及充满电后的静置状态。新能源汽车动力蓄电池产品结构复杂、潜在故障点多、电池工况瞬息多变，无形中增加了电池检测的难度，一旦发生自燃将无法有效阻止。目前有关动力蓄电池，特别是"老龄化"动力蓄电池的在线安全监控技术尚未得到成熟应用，导致新能源汽车的动力蓄电池安全问题无法实现实时监控。充电基础设施作为新能源汽车与能源的沟通载体，也是新能源汽车实现信息交互的有效途径，因缺少智能检测和数据分析功能，在充电阶段无法实现动力蓄电池故障监测和动力蓄电池出现安全隐患时及时阻断充电进行有效防护。当前，新能源汽车与充电基础设施互动较弱，充电数据与汽车动力蓄电池数据割裂，无法进一步通过大数据提升新能源汽车充电安全性。

2. 信息安全方面

随着充电基础设施网络化、规模化部署，用户人数规模庞大且日益增多，充电基础设施从相对孤立走向互联互通。与此同时，充电基础设施同样容易受安全问题影响，造成信息泄露。因此，需加强网络安全，提升设备的可信度、韧性，确保用户信息安全、设备安全。

3. 人身安全方面

由于充电基础设施产品不在国家 CCC 强制认证产品目录内，现行的标准都是推荐性的，没有强制性，充电基础设施对人身安全带来了隐患。2019 年广东产品质量监督检验研究院首次公布了充电桩产品风险监测结果，这次风险监测共采集 9 家生产企业的 10 批次电动汽车充电桩产品，其中 7 批次不符合国标要求，有 1 批次样品 3 个检测项目不符合国标，安全风险较大。这意味着，充电桩产品有可能对消费者造成灾难性的伤害，可导致死亡、身体残疾等严重后果。充电基础设施作为频繁使用的大功率用电设备，其自身安全性始终未能引起足够的重视。

4. 供应安全方面

新能源汽车充电基础设施与加油站基础设施同等重要，当前充电设施核心控制芯片以及半导体均依赖进口，自主可控性不强。未来充电基础设施保有量逐年大幅增长，对进口元件的需求也将日趋旺盛，特别是在近年来自由国际贸易逐步回调的背景下，充电基础设施需要从供应安全角度提前规划，确保供应安全，减少对充电基础设施建设的冲击。

（二）充电基础设施迭代性、兼容性差，浪费大量社会资源

新能源汽车的能量补给速度是制约新能源汽车推广的重要因素，因此各家新能源汽车制造企业都在不断提升自家车型的充电需求功率，通过更高的充电功率获得如"燃油汽车加油"一般的快速充电体验。2016—2020 年新增公共直流桩平均功率数据显示，我国公共直流桩充电功率呈现逐年上涨趋势，平均充电功率从 2016 年的 69.23kW 增加到 2020 年的 120kW，几乎翻了一番，如图 2-4-1 所示。

充电运营市场蓬勃发展的同时，由于缺乏对充电基础设施迭代性和兼容性的长远考虑，在充电基础设施更新换代和运维管理上出现良莠不齐的现象。充电基础设施从 2001 年开始，随着标准的不断丰富和完善，新能源汽车的充电需求功率在不断提升，2020 年能够承载更大电流、操作更加轻便的 Chaoji 接口也正式发布，都对充电基础设施的快速响应提出了考验。

而原有的充电基础设施恰恰缺乏功率扩容和标准升级的准备，导致大量设施拆除重装或翻新施工等，造成巨大的投资浪费。

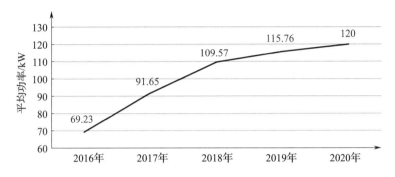

图 2-4-1　2016—2020 年新增公共直流桩平均功率

注：数据来源于中国汽车动力电池产业创新联盟。

当前，充电基础设施已经具备一定的远程监控功能，但充电设施运维依然依靠工人现场勘测以及排除故障，大量的充电基础设施推广后受制于人力和交通等因素，无法实现远程智能诊断以及远程故障恢复，对设备的安全运行和用户的使用带来不好影响。

（三）充电运营商缺乏切实有效的监管，影响行业健康发展

一直以来，充电运营商的从业门槛比较低，根据行业协会统计，全国充电基础设施运营企业超过 1000 家，规模以上的充电运营商大约 100 家。除了以国家电网、南方电网、特来电、星星充电为第一阵营的头部充电运营商外，多方势力也都积极加入了充电基础设施运营服务的阵营中。传统老牌造车企业和造车新势力纷纷以各自的优势加大充电基础设施的建设投入。也有互联网巨头加入其中，如阿里系企业通过入股充电运营商进一步扩张其商业版图，希望通过充电基础设施这个未来巨大的流量入口，在数据和能源等领域发掘更大的商业机会；滴滴通过自身雄厚的流量优势成立小桔充电，采用轻资产运营，为平台加盟运营商进行导流，获取充电服务费分成。在充电运营商大部队之外，还存在着大量小、微型充电运营商，它们依靠土地、电力、资金等优势，在本土化、零散化的区域内取得了一定的市场份额。

然而，充电运营经历了多年的发展，行业内始终缺少统一的准入门槛，导致社会上充斥着大量粗制滥造的充电设施，存在极大的充电安全隐患，严重影响社会公众安全；同时，因缺少服务评价和淘汰机制，很多充电运营商通过低价恶意竞争手段扰乱行业秩序，零服务费的惨烈厮杀背后，是运营商无法为新能源汽车用户继续提供高质量的服务；更有甚者，有的充电运营商在获取高额财政补贴后快速撤出，留下一堆无人管理的残桩、坏桩，占用社会资源的同时，也为城市管理者带来巨大的资产包袱。

（四）汽车充电网与电网缺乏有效互动协同，浪费电力资源

随着新能源汽车规模化发展，用电量持续增加，充电负荷对电网带来的压力也日益加大，主要包括以下几方面。

1）新能源汽车充电导致负荷增长，特别是大量新能源汽车集中在负荷高峰期充电，将加剧电网负荷峰谷差，加重电力系统运行负担。

2）由于新能源汽车用户用车行为和充电时空分布的不确定性，新能源汽车充电负荷具有较大的随机性，这将加大电网优化控制的难度。

3）新能源汽车充电负荷属于非线性负荷，充电设备中的电力电子装置将产生谐波，可能引起电能质量问题。

4）大量新能源汽车充电将改变电网，尤其是配电网负荷结构和特性，传统的电网规划方法可能不适用于电动汽车大规模接入的情况。

5）充电场站平均充电端到端效率在92%左右，部分场站效率不足90%，电网在充电环节的能量损耗过大，造成电力资源浪费。

在车网互动的具体应用场景的示范上，国内许多地方进行了积极探索。在电力辅助服务市场场景下，新能源汽车具有双向调节和响应速度快的优点，可以提供调频和旋转备用服务。目前，我国上海、江苏、河南、山东、天津等地已启动了需求响应市场，从各地实践情况看，公共充电站、小区直供充电桩已有参与实例。但是，需求响应的补偿资金缺乏可持续机制，且多数城市峰谷电价差较窄，用户侧利用峰谷价差套利空间有限。现阶段我国电力辅助服务市场主要针对火电等大容量可调度的发电侧资源设计，在充放电功率、持续充放时间、充放电量规模等方面准入门槛

较高，缺乏对分散型用户侧资源的准入政策且补偿额度低。此外，北京、重庆两地进行了绿电交易的探索，分布式光储充项目也在多地实践，但由于集中式可再生能源弃电存在不确定性，而分布式光伏消纳问题仍不突出，相比其他场景经济效益有限。目前，现货电能市场仍在建设期，电动汽车参与电力现货市场的地位没有得到充分确立。目前，市场上具备双向充放电功能的充电基础设施数量极为有限，因而用户很难参与充放电互动。

未来充电基础设施作为城市交通能源网络的主体，将助力智慧城市升级，充电基础设施如何自主与城市需求协同，如何在多元能源供应下，自主调配能源，提升充电基础设施的可靠性和适应性，提升市民生活体验，同样需要前瞻性研究。

（五）居民小区充电基础设施建设难，阻碍新能源汽车推广

根据《电动汽车充电基础设施发展指南（2015—2020年）》中的规划，2020年我国公共领域充电桩建设数量已提前完成规划目标，私人领域充电桩建设数量较规划目标还存在相当大的差距。而居民小区充电基础设施建设难，成为私人充电桩领域增长乏力的主要症结之一。当前，居民小区充电基础设施采取"单桩逐户"的建设管理模式，即居民分散地、无序地建设充电桩，由居民本人或委托给物业维护管理。由于"单桩逐户"模式存在下述六大难题，"充电难"成为新能源汽车在私人消费领域推广的重要障碍。

1）报建流程复杂。《关于加快居民区电动汽车充电基础设施建设的通知》（发改能源〔2016〕1611号）明确居民充电基础设施"准备材料、用电申请、现场勘察、建设施工、接电确认、运营维护"六大建设管理流程，居民个人需协调业委会、物业、车企、供电企业等多方主体，困难重重。

2）建设条件受限。居民小区未预留足够接电开关、电力通道井和桥架，随着新能源汽车的普及，如果没有统一规划，"单桩逐户"无序建桩将频繁打孔穿墙，无序铺设成千上万条供电线路，蜘蛛网般的线路不仅影响城市外观，也会带来巨大的安全隐患。

3) 电力负荷无法满足无序充电需求。按照国家标准，充电桩最低功率为7kW，相当于一户家庭用电负荷的总和。随着新能源汽车日益增多，在用电高峰期，居民小区既有负荷仅能勉强保障生活用电，无法同时满足居民新能源汽车无序充电的用电需求。

4) 增容费用巨大。居民小区红线内变压器增容成本约1000元/kV·A，平摊到每台桩约7000元。考虑未来我国新能源汽车市场庞大的体量，仅红线内增容负荷就是一笔数目惊人的投入，因此，电力增容不具备经济性；不仅如此，居民小区红线外公共电网改造同样面临巨大压力。

5) 维护管理缺失。居民小区充电基础设施及其接入电源的供电线路等设施暴露于公共区域，与家用电器存在本质区别，如果日常维护管理不善，将严重危害公共安全。原则上，充电基础设施所有权人应自行或委托物业维护管理，但个人或物业均不具备充电基础设施专业维护能力，造成事实上的维护管理缺失。

6) 安全隐患突出。首先是无序充电冲击电网安全，充电基础设施每次插拔都会对居民小区局域电网运行制造"冲击波"，如果缺乏保护，无序充电势必影响电网安全；其次是维护缺失导致安全隐患，自用充电桩建设监管困难、维护管理缺失，存在施工质量不合格、供电线路以及充电桩漏电、火灾等严重安全隐患；最后是安全责任主体无法落实，居民作为充电基础设施所有权人，既不具备消除安全隐患的能力，也无法承担安全事故的后果。居民、车企、物业、供电企业安全责任难以划分，留下安全管理盲区，具体见表2-4-2。

表2-4-2 "单桩逐户"模式的多方痛点

主体	痛点
政府	1) 居民因小区内新能源汽车充电桩问题投诉不断 2) 安全监管困难，难以落实居民安全生产主体责任 3) 充电桩滞后影响新能源汽车推广、能源安全、大气污染防治
电网	1) 无序建桩带来红线内增容和公共电网改造压力 2) 无序充电影响小区局域电网运行安全 3) 无序建桩导致电网频繁、重复现场勘察，浪费人力物力

（续）

主体	痛点
物业	1）协调电力负荷等超出物业能力范围的问题 2）发现安全隐患只能提醒，无法强制居民整改 3）发生安全事故需要承担连带责任，权责不等
居民	1）频繁协调业委会、物业、国网、车企，耗时耗力 2）充电桩质保期满后维护不便，维护费用高昂 3）无力承担安全事故责任
车企	充电桩进小区难题制约新能源汽车销售

因此，居民小区充电基础设施建设成为难点问题，无法达成新能源汽车走进千家万户的目标。

（六）充电基础设施建设支持力度各不相同，导致发展不均衡

1. 配套政策不完善

目前，各省市相继出台了推进新能源汽车和充电基础设施发展的相关政策，但仍存在政策不配套、社会资本投资积极性不高、有条件安装充电基础设施的场地偏少、社会资源调动不够等问题。新能源汽车购置补贴早有政策支持，国家也已明确财政补贴将由补车企向补充电运营商倾斜，但各地在充电基础设施建设运营上仍出现无补助或补助标准过低的现象，非常不利于市场的培育。

2. 建设协调难度大

充电基础设施建设需要规划、土地、电力等部门和单位协同。社会停车场所建设充电基础设施，利益主体分散，协调难度大；私人乘用车建设充电基础设施，大量用户不具备固定车位等基本的安装条件；对于具备安装条件的用户，往往出现业主委员会不支持和物业服务企业不配合等现象。此外，由于充电基础设施还涉及公共电网、用户侧电力设施、道路管线改造，也增加了投资成本和建设难度。城市建设独立占地公共充电站，在项目落地上存在难度。

3. 充电基础设施布局不合理

由于缺乏统筹规划，充电基础设施布局不合理，出现设施使用"冷热不均"的现象，一些地方充电基础设施使用率不高，同时部分充电基础设施出现车辆排队充电现象。这些都导致充电基础设施资源无法得到有效利用，也限制了用户使用公共充电桩的热情。

4. 南北方环境温度差异大

我国北方地区冬季持续时间长、平均气温低的环境特点，使得现有新能源汽车往往因为运行温度过低造成续驶里程严重衰减。目前，我国在新能源汽车低温续驶方面，以及充电基础设施低温充电方面都存在较大的技术突破瓶颈，这也直接导致了我国充电基础设施南北发展不均衡的现象。

（七）充电运营商的盈利模式较为单一，可持续发展能力弱

目前，行业内90%以上的充电运营商处于亏损状态，仅有个别服务于出租、网约等运营车辆的充电运营商有少量盈利，在充电基础设施使用率无法显著提升的情况下，前期投入高昂的建设成本，加上分散的点位布局所带来的运维管理困难，单纯依靠收取充电服务费的商业模式很难让企业盈利。与此同时，日益加剧的充电服务费恶性竞争，将充电运营商本就微薄的收入再度压缩；而市场上不断涌入的新运营商，通过对本就稀少的土地、电力、流量等资源继续争夺，加大了建设运营投入成本；面对用户不断增长的充电量需求，服务质量很难与之匹配。

充电基础设施具有流量聚集的能力，但目前充电场站仅提供单一的充电服务功能；各充电运营商都掌控着各自的充电网络，充电网络之间很难实现互联互通，用户需要在各个充电App间来回切换。因此，充电基础设施无法合理利用自身流量优势为用户提供更多服务选择，在丰富充电场站功能属性的异业合作上还有待加强。

（八）充电基础设施的技术创新难落地，阻碍行业科技进步

新能源汽车"电动化、网联化、智能化"新三化将为交通领域带来深

刻变革，交通出行向智能化升级，交通场所从提供承载服务向能源服务、信息服务拓展，同时能源服务交通化和交通用能绿色化得到进一步发展。近几年，行业内企业在大功率自动充电技术、智能安全充电技术、车网互动协同技术、新能源与新交通融合技术等创新课题上纷纷实现了技术突破，但苦于缺少上升渠道，基于充电基础设施的科技创新无法真正实现商业化落地，严重阻碍了新能源产业技术进步。

三、充电基础设施产业发展解决方案及对策研究

（一）加强充电行业的安全管理

1. 规范充电运营安全管理

出台充电安全管理规范，明确市场准入安全技术门槛，强化充电站验收和日常管理，明确充电安全主体责任制，推动城市充电运营商业模式的落地，做到统一监管、标准管理、规范管理。

出台新能源汽车安全运行要求，明确安全生产责任制，对新能源汽车定期实施"线上+线下"安全监测，对高危车型实施管控，并配套有完善的故障预警和召回检修机制，使车辆实时在线监控，实现有故障能预警、有预警能检修、有检修能复核的闭环机制。

鼓励充电运营商、整车企业、动力蓄电池企业开展合作，进一步开放和共享车辆动力蓄电池和充电相关数据，通过车辆识别、大数据分析等技术手段，进行监控和预警，保障电动汽车和充电运行安全。

2. 重视网络通信安全管理

全面推进充电基础设施方面的"数字信任"，即数据安全性、韧性、隐私保护。通过"社会认识、行业标准、技术牵引"实现充电应用高可靠性、高可用性、高网络安全性、高韧性，推进简单充电、提升体验、应用安全、保护隐私全面协同发展。

CAN 通信 IP 化，在充电业务场景下，实现车辆身份认证和无感支付（充电后直接扣费）；轻量级的 IP 内生安全机制打造安全可信的系统；物联网短地址应用提升传输效率，减少通信开销，并形成国际自主知识

产权。

3. 加快电动汽车充电安全创新技术应用

鼓励充电运营商建立新能源汽车在线安全监控系统，实现政府平台+充电平台的两级监管，实现充电设备层+充电平台层的两层防护。鼓励充电过程在线安全监控技术的设施推广应用，在保障充电基础设施运行安全的前提下，对电动汽车安全运行、新能源微网安全运行等拓展领域进行安全监控，真正做到全产业链共同参与的生态安全。

（二）加强充电基础设施建设的顶层技术路线设计

1. 做好充电基础设施技术路线规划

我国充电基础设施发展多年，涌现出丰富多样的技术发展路线，经过市场的检验，群管群控技术和V2G技术备受青睐。群管群控改变了传统充电桩"一桩对一车位"的方式，采用箱变集中式充电方式，通过负荷管控技术，实现电网安全、设备安全、充电安全。V2G是未来能源互联网的重要技术之一，对电力负荷调节、可再生能源消纳及新能源汽车经济性调节有促进作用。

大功率充电有助于提高运营效率，是未来充电技术的发展方向。目前，我国多家企业已经研发并布局了系列大功率充电产品。大功率充电系统可以做到与加油站类似的应用场景，即充即走，这些场景主要包括长续驶里程电动汽车、公交车、出租车、网约车等对时间成本特别敏感的专用车辆领域，北京、上海、广州、深圳等停车位资源高度紧缺的特大型城市，以及高速公路。大功率充电能提高场地利用率，在高场租情况下，有利于提升运营商收益。

"电网、充电网"等多个网络都汇聚在充电基础设施这一个节点上。在"电网"方面，配电网与充电网统一规划，适度超前建设，保障充电设施无障碍接入；加大本地配电网光伏等绿色能源配置、充电网就地消纳应用；储充协同，虚拟电厂（Virtual Power Plants，VPP）调度，更灵活地支持电网的调频、调峰、削峰填谷应用。在"充电网"方面，支持功率共享、柔性分配、有序充电、深度参与电网协同，孵化商业模式新业态。

建设全直流供电的充电场站供电架构,充电设备直连 10kV 配电网,同时实现从交流 10kV 到直流 750~1000V 供电的变换,减少配电、变电等中间环节,实现充电场站集约化建设、整站高效运营。

综上所述,充电基础设施建设技术路线需要具有前瞻性,要先于新能源汽车发展,群管群控、V2G、大功率充电、能源互联、全直流架构等创新技术应广泛使用。

2. 做好城市各级充电网的布局规划

加强规划引领,以省级行政区域为单位出台充电基础设施整体规划。坚持全省一盘棋原则,做好城市公共充电网、驻地充电网、高速公路充电网、城乡复用充电网的分层分类布局规划。明确各类建筑物配建停车场及社会公共停车场中充电设施的建设比例或预留条件要求。

将城市内公共充电网规划与城市、交通整体规划同步推进,促进城市充电基础设施科学布局。电网企业、充电运营商配合政府住建、交通运输等相关部门做好规划,科学指导充电基础设施建设。

政府主导,推动居民小区和企事业单位建设驻地充电基础设施;政策扶持,推广驻地有序安全充电模式;科学规划,推进驻地充电网共享共用模式。原则上,新建小区和企事业单位配建停车位应 100% 预留充电网建设安装条件。

将城际骨干充电网建设纳入高速公路交通规划,提高城际出行充电服务能力。完善城际骨干充电基础设施的线路布局,确保城际出行充电服务全覆盖。

结合城乡微公交和乡村客运线路的规划,在城乡核心区和人口聚集区建设公交和社会车辆复用充电基础设施。解决城乡公交和社会车辆电动化的充电服务问题,确保城乡电动出行的服务无空白,有力助推城乡公交、农产品运输快速实现电动化,进一步推动新能源汽车下乡,营造绿色乡村。

(三)完善充电运营商管理制度,建立淘汰机制

1. 完善充电运营商备案机制

针对充电运营商实行备案入网管理机制,必须经市场监督管理部门登

记注册方可开展运营工作。同时，出台充电基础设施建设和运营管理办法，规范和约束充电运营商，保证充电基础设施安全高效使用，营造良好的市场经营氛围。

2. 建立运营标准和服务标准

充电基础设施运营服务实行政府统筹、行业监管，完善计量、计费、结算等运营标准与服务规范。充电运营商应具备完备的运营管理体系和可靠的安全监控平台，要承担所负责充电场站的建设职责、运营职责、运维服务以及安全管理职责。

3. 建立服务积分淘汰机制

研究出台相关政策，引入服务评级、安全认证、积分管理等方式加强运营商监督管理。建立科学有效的淘汰机制，提高充电运营服务水平，鼓励运营商提供安全信息推送和汽车安全防护体检报告等增值服务。

4. 发挥行业协会引导作用

发挥行业协会的平台作用，通过推广核心部件标准化、车辆即插即充技术、为充电基础设施购买商业保险、定期组织行业内运营商进行星级服务评比等方式，不断引导充电运营商提升运营服务质量，促使行业进入良性竞争和可持续发展。

（四）积极推进分布式新能源产业发展，助力国家能源转型

1. 由局部工作高效向全局运营高效迈进

在充电应用场景架构设计上，从充电模块高效率、充电设施高效率，向充电场站高效率演进，提升单次充电下的运营商收益；在充电应用场景软件设计上，通过功率分配优化，使得充电基础设施工作在最佳效率区间，实现最佳利用率下的最高效率工作。充、光、储协同降低电费支出；动态增容实现园区、小区建桩不改变压器。通过新拓扑、新器件、新算法等技术研究，不断提高充电模块、整桩等效率；同时，通过能效分层分级，全面推进高效技术应用。

2. 建立分布式新能源产业发展激励机制

为充电基础设施的接入报装开辟绿色通道，针对充电基础设施简化电网投资到红线的规划要求，压减电力接入的时限，优化梯次动力蓄电池储能、光伏、风电和汽车群组放电并网的技术条件；推广直流微电网，大幅提高绿色能源利用和转换效率；开展充电基础设施绿色认证并予以专项激励。

3. 出台激励电动汽车低谷充电高峰放电参与电网互动的电价政策

继续执行充电电价按两部制电价免基本电费结算的优惠政策；积极推动激励新能源汽车向电网放电的分时上网电价政策出台，鼓励具备双向充放电能力的充电基础设施的运用，响应电网削峰填谷，提高电网运行效率。

4. 鼓励梯次电池在分布式场景下的回收再利用，提高电网柔性

对于新能源汽车退役动力蓄电池通过分布式场景开展梯次利用的给予一定补贴；鼓励梯次电池作为分布式储能直流接入和直流微网直接消纳，节能降耗；对光储充微电网等创新形态的技术研发和示范应用提供专项财政支持。

5. 鼓励充电基础设施参与电力和碳排放交易

全面放开充电基础设施参与电力市场化交易；优先支持充电基础设施参与分布式电力交易；大幅放宽充电基础设施参与电力现货交易的比例；灵活吸收充电基础设施参与电力辅助服务交易；试点充电基础设施参与绿证和碳排放交易，助力国家能源转型。

（五）创新商业模式和技术路线，解决居民小区充电网建设难、盈利难问题

未来新能源汽车充电量的80%来自居民小区场景下小功率充电，实现"最后一公里"末端充电网络的覆盖，推动大规模居民小区充电基础设施建设，将成为解决车主便捷充电问题的关键行动。

从规划层面，新建居民小区配建停车位应100%建设充电基础设施或预留建设安装条件，且已建设充电基础设施的非固定产权停车泊位不低于总车位的20%。对于有固定停车位的用户，优先结合停车位建设充电桩。对于无固定停车位的用户，鼓励企业通过配建一定比例的公共充电车位，建立充电车位的分时共享机制，开展机械式和立体式停车充电一体化设施建设与改造等方式，为用户充电创造条件。

从技术层面，推广应用智能调控和有序充电等创新技术，持续优化有序充电桩、能源路由器、能源控制器、有序充电控制模组等设备的功能和性能，重点提高设备可靠性、稳定性、通用性，降低设备成本。积极探索新型通信技术，在能源控制器与路由器（有序充电控制模组）之间，研究应用光纤、5G、双模（载波与无线相结合）等通信方式，满足有序充电设备大规模接入和高频次信息交互的应用需求，提升整套系统的通信可靠性，解决充电安全和电力需求峰谷不均的问题。

（六）做好充电网建设保障

1. 重点做好充电基础设施建设场地资源保障与供给

对充电基础设施建设用地应实行简化的审批手续，取消或简化建设用地规划许可证、建设工程规划许可证和施工许可证等审批手续。充电基础设施规划应当明确独立占地的集中式充电站布点，并纳入公用设施营业网点用地范围，优先安排土地供应。允许土地使用权取得人与其他市场主体合作，按要求投资建设运营充电站。鼓励在已有各类建筑物配建停车场、公交场站、社会公共停车场和高速公路服务区等场所配建充电基础设施，积极开放路边停车位建设充电基础设施，地方政府应协调有关单位在用地方面予以支持。城市交通管理部门应对充电站标志的安装和放置给予绿色通道审批。

2. 开辟绿色通道，解决电力接入和快捷报装问题

电网企业要加强充电基础设施配套电网建设与改造，为充电基础设施建设接入电网提供便利条件，开辟绿色通道，优化流程，简化手续，提高效率，限时办结，保障充电基础设施无障碍接入。充电基础设施产权分界

点至电网的配套接网工程，由电网企业负责建设和运行维护，不得收取接网费用。充电运营商在居民小区、企事业单位申请低压充电设施用电时，电网企业应按新能源汽车推广相关政策直接低压报装、独立计量。电网企业要按照规定落实充电电价优惠政策，加大峰谷电价实施力度，引导充电基础设施参与电力削峰填谷，降低电力使用成本，并支持充电运营商在小区开展负荷管控技术改造，充分利用居民小区既有配电设施负荷峰谷特性，通过技术和管理手段采集监测、智能调控台区变压器负荷，在保证居民正常生活用电前提下，满足新能源汽车规模化充电需求，最大限度提高配电设施利用效率，减少增容改造投资。电网企业应积极支持分布式光伏、梯次电池储能的接入，支持充电运营商将充电站建设和分布式新能源结合，出台相应鼓励政策，积极探索新能源汽车低谷充电、高峰放电参与电网互动，鼓励充电基础设施参与电力调峰调频辅助服务。

3. 加大充电基础设施政策支持力度

制订出台充电基础设施补贴办法，加大充电基础设施建设、运营环节补贴力度，鼓励社会资本参与公共服务充电网建设，充分发挥政策激励与政策导向作用。采用"互联网＋"等方式，加强对享受补贴的充电设施进行事中事后考核监管，确保相关充电设施产品符合相关标准并发挥实效。

对服务公共领域并接入省级监管平台的充电基础设施，以充电设施实际安装功率为准，根据交流、直流小功率、直流大功率等不同设备类型设定补贴标准，鼓励有序充电、低谷充电等创新技术；依据省级监管平台的数据统计，按照充电网年度充电量给予运营补贴，根据公交、公共服务、居民小区等不同服务对象设定运营补贴标准。鼓励充电运营商结合国家标准和行业技术发展情况，对既有充电基础设施进行技术升级改造和创新技术应用，单独制定补贴支持政策。

市场监督管理部门根据充电基础设施的实际，进一步细化对非车载充电设施的计量规程补充，探索以互联网或网络流量等监督手段，创新充电行业的监督，保证消费者利益。

（七）探索创新充电网商业模式落地

1. 鼓励运营商建立电动汽车充电服务和能源服务的运营平台

鼓励充电运营商建立功能完善的运营平台，融合互联网、物联网、智能交通、大数据等技术，通过"互联网+充电网"，积极推进电动汽车与智能电网间的能量和信息互动，提升充电服务的智能化水平。鼓励围绕用户需求，为用户提供充电导航、状态查询、充电预约、费用结算等服务，拓展增值业务，提升用户体验和运营效率。鼓励与电网供电系统、用电信息采集系统进行数据共享，通过双向互动实现智能调控和有序充电，在保障充电设施安全可靠运行的同时，为电网削峰填谷、区域平衡提供决策辅助。

2. 鼓励企事业单位、高校和科研机构做好充电基础设施大数据价值挖掘

当消费者将新能源汽车接入充电基础设施进行充电时，其车辆基本情况、驾驶习惯、消费行为等一系列大数据也一同汇入充电网。充电网把汽车工业大数据、能源大数据、消费行为大数据、互联网大数据集中于平台，未来将延伸出电商、约车、买电卖电、大数据修车、大支付金融、大客户电商等互联网增值服务。启动充电基础设施大数据领域的产、学、研合作项目，发挥充电基础设施连接用户、电动汽车、电池和能源产生的大数据优势，鼓励企事业单位、高校和科研机构加快大数据价值挖掘的研究和应用。

（八）加大充电行业科技创新

1. 鼓励充电基础设施相关技术创新和应用，打造充电领域技术高地

随着科技发展，未来新能源汽车角色将重新定义为"1/3 拉人拉货发挥其交通价值，1/3 拉能源发挥其移动储能价值，1/3 拉数据信息伴随无人驾驶人工智能等应用，电动汽车将成为继手机后的第二个移动数据终端，成为移动储能的工具"。

进一步完善技术创新体系，加快发展充电基础设施相关技术，加大对

相关重点科技项目引进力度，促进科技孵化成果产业化，大力培育自主知识产权高新技术企业和产品，全面提高创新能力和科技发展水平，打造充电领域技术高地。

2. 鼓励分布式新能源及储能技术创新和应用

聚焦建设清洁美丽中国的目标，加快分布式新能源发电、储能、消纳和能源智能调控各环节技术创新，探索分布式新能源在电网双向互动、动力蓄电池梯次利用等场景的融合应用解决方案。

3. 鼓励大数据分析、边缘计算、人工智能等创新技术在充电网领域的应用

提倡技术创新，推动大数据分析、边缘计算、人工智能、区块链等信息技术与充电基础设施产业融合发展，提高充电基础设施的智能化水平，促进智慧城市建设。

4. 鼓励校企合作，加快充电网领域科研项目产业化进程

鼓励校企合作，充分发挥合作创新优势，围绕高防护充电、小功率直流充电、大功率充电、自动充电等新型充电技术及装备，加快科研项目产业化进程。依托示范项目，积极探索充电基础设施与智能电网、分布式可再生能源、智能交通融合发展的技术方案。

子报告 五 新能源汽车循环经济发展与对策研究

一、动力蓄电池回收利用产业发展现状及对策

在政策与市场的双轮推动下，近年来我国新能源汽车产业发展迅猛，已成为世界第一大产销国，截至2020年底，我国新能源汽车保有量已达492万辆，累计配套动力蓄电池超过260GW·h，如图2-5-1所示。随着早期推广应用的新能源汽车产品逐渐进入报废期，产生的退役动力蓄电池开始呈现规模化趋势。一方面，退役动力蓄电池如不进行合理利用处置，除存在触电、起火等电安全隐患外，其内部包含的镍、钴等重金属和电解液材料也会对生态环境产生严重污染。另一方面，电动汽车退役动力蓄电池

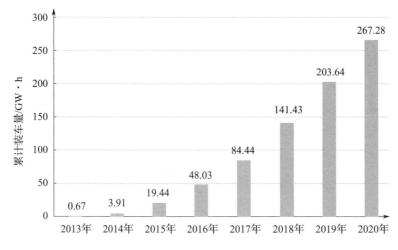

图2-5-1 2013—2020年我国动力蓄电池累计装车量

注：数据来源于中国汽车动力电池产业创新联盟。

仍具备较高的可用容量，完全报废后其包含的镍、钴、锰等金属材料在资源稀缺的形势下具有较高的回收价值，开展退役动力蓄电池梯次和再生利用对动力蓄电池全生命周期价值释放和产业可持续发展具有积极意义。

（一）产业政策与标准体系建设情况

1. 政策法规

整体来看，我国动力蓄电池回收利用政策体系框架已基本形成，正在根据产业发展情况不断完善。我国从2009年开始出台新能源汽车动力蓄电池回收利用相关政策，前期政策只是作为推广应用新能源汽车政策文件的部分条款出现。随着产业规模的逐渐扩大，2016年起，国家发展改革委、工信部和生态环保部等相关部门相继出台动力蓄电池回收利用产业专项政策，初步建立了产业政策体系，2016年1月，国家发展改革委印发的《电动汽车动力蓄电池回收利用技术政策》提出，废旧动力蓄电池利用应遵循先梯级利用后再生利用的原则，提高资源利用率。2018年开始，政府部门开始对回收利用产业进行重点管理，从动力蓄电池溯源管理、试点建设、行业准入等多方面完善政策法规，全面启动回收试点，上线运行国家溯源管理平台，动力蓄电池回收利用政策管理体系进一步完善，实现回收拆解企业、梯级利用企业、再生利用企业主体全覆盖。2018年2月，《新能源汽车动力蓄电池回收利用管理暂行办法》正式发布，办法明确落实生产者责任延伸制度，汽车生产企业承担动力蓄电池回收的主体责任，鼓励车企、动力蓄电池企业、报废回收拆解企业与综合利用企业合作共建、共用废旧动力蓄电池回收渠道，对产业发展具有深刻指导意义。

2. 标准体系

目前，我国已经初步建立动力蓄电池回收利用标准体系。国家标准方面，在产品设计与溯源管理端，目前已发布GB/T 34013—2017《电动汽车用动力蓄电池产品规格尺寸》、GB/T 34014—2017《汽车动力蓄电池编码规则》两项标准；在回收利用端，已在通用要求、梯次利用、再生利用和管理规范等方面均制订了相关标准编制计划，目前规划修订的20项国家标准中，已有动力蓄电池余能检测、拆卸要求、拆解规范、材料回收要求、包装运输规范5项标准发布，梯次利用要求、梯次利用产品标识标准已进入报批阶段。行业标准方面，HG/T 5019—2016《废电池中镍钴回收方法》、HG/T 5545—2019《锂离子电池材料废弃物中镍含量的测定》两项标准已发布，车用动力蓄电池回收利用单体拆解技术规范已处于报批阶段。地方及团体标准方面，上海、浙江、广东、安徽等地开始同步研究制定动力蓄电池回收利用地方标准，已发布DB31T 1053—2017《电动汽车动力蓄电池回收利用规范》、DB4403/T 20—2019《电动汽车车载锂离子动力蓄电池系统检测方法》两项。团体标准已发布17项，其中，中国汽车动力电池产业创新联盟制定的《通信用48V磷酸铁锂梯次电池组技术要求和检验方法》《通信用梯次电池管理系统（BMS）要求》《通信行业梯次利用锂离子动力电池经营企业管理规范》三项团体标准，为通信基站用梯次电池使用提供了参考，如图2-5-2所示。

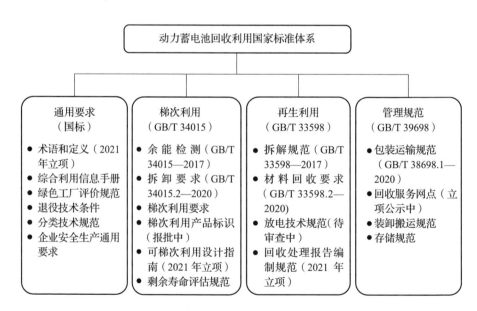

图2-5-2 动力蓄电池回收利用国家标准体系

注：数据来源于全国汽车标准化技术委员会。

3. 行业平台建设

北京理工大学新能源汽车国家监测与动力蓄电池回收利用溯源综合管理平台于2018年8月正式启用，平台通过信息采集与管理、分析等功能，实现动力蓄电池产品全生命周期监管，有效推动了动力蓄电池装车使用、回收、梯次利用等环节责任主体的工作落实。截至2020年9月，该平台已采集840余家产业上下游企业的913万余条溯源数据，其中，新能源汽车生产环节459万余条，新能源汽车销售环节344万余条，动力蓄电池回收利用环节110万余条。中国汽车动力电池产业创新联盟作为国家级行业服务平台，积极参与动力蓄电池回收利用产业建设。2017年，该创新联盟启动了动力蓄电池梯次利用产业发展的专题研究，并为中国铁塔公司建立了与整车企业、动力蓄电池企业和公交运营公司的交流合作渠道，如图2-5-3所示。2018年，创新联盟成立回收利用分会，组织编制《退役动力电池回收定价规范》《退役动力电池回收检测规范》《退役动力电池再加工规范》和《退役动力电池仓储、物流规范》等相关企业标准。针对动力蓄电池产品尺寸规格繁杂现状，创新联盟组织编制了《电动汽车用动力蓄电池模组产品规格尺寸》团体标准，对动力蓄电池模组产品尺寸进行合理规范，为降低后端动力蓄电池回收成本起到了积极作用。

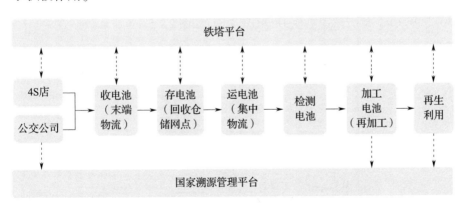

图2-5-3 中国铁塔公司退役动力蓄电池回收体系方案

(二) 动力蓄电池回收利用产业发展情况

由于前期动力蓄电池退役规模较小,我国回收利用产业发展整体仍然不够成熟。随着近几年退役动力蓄电池规模逐渐增大,产业政策、标准体系不断完善,市场秩序逐渐稳定,产业开始由前期示范向商业化转变。2018年,工信部等七部门联合发布《关于做好新能源汽车动力蓄电池回收利用试点工作的通知》,明确京津冀地区、山西省、上海市等17个省市地区和中国铁塔股份有限公司作为试点地区和企业。截至2020年9月,试点地区在梯次储能、备电等领域发布了129个试点单位及项目,动力蓄电池回收利用进入规模化发展新阶段。

1. 退役规模预测

综合考虑新能源汽车历年产量、各车型动力蓄电池配套量、未来预测产量、动力蓄电池质保期限及车辆运行工况等因素,对新能源汽车动力蓄电池退役量进行预测,如图2-5-4所示。保守考虑,将乘用车电池退役年限设置为7年,商用车电池退役年限设置为5年,2020年我国新能源汽车退役动力蓄电池量约为11.6GW·h,如图2-5-5所示。其中,三元锂电池2.2GW·h,磷酸铁锂电池8.8GW·h,前期以磷酸铁锂电池为主。预测2025年新能源汽车退役动力蓄电池量约为49GW·h,其中三元锂电池30.2GW·h,磷酸铁锂电池18.8GW·h,如图2-5-6所示。

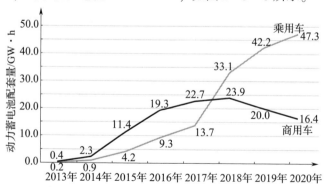

图2-5-4 2013—2020年不同车型动力蓄电池配套量

注:数据来源于中国汽车动力电池产业创新联盟。

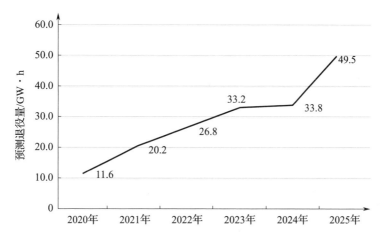

图 2-5-5　2020—2025 年新能源汽车动力蓄电池退役量预测

注：数据来源于中国汽车动力电池产业创新联盟。

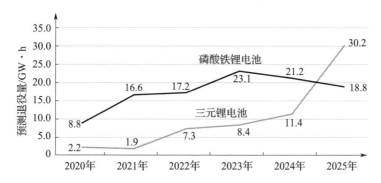

图 2-5-6　2020—2025 年三元锂电池和磷酸铁锂电池退役量预测

注：数据来源于中国汽车动力电池产业创新联盟。

2. 回收体系建设情况

新能源汽车生产企业承担动力蓄电池回收体系建设的主体责任。根据中国汽车技术研究中心数据，截至 2020 年 11 月，国内汽车生产及综合利用企业在全国共设立回收服务网点 9009 个，已覆盖 31 个省市地区，分布地域主要集中在京津冀、长三角、珠三角及中部地区。网点建设方式主要分为车企自建、车企共建和与产业链相关企业共建三种方式，其中，车企自建网点主要依托车企销售和售后服务机构，数量占比在 95% 以上。从汽车生产企业承担主体责任的角度来看，退役动力蓄电池回收体系框架已基本形成。但由于退役动力蓄电池电量较低、回收渠道不完善等因素，大部分回收网点利用率仍然较低。

3. 梯次利用产业发展情况

在产业方面，据不完全统计，目前我国动力蓄电池梯次利用企业已有30余家，梯次电池处理能力超过30GW·h/年。目前，退役动力蓄电池主要应用于基站、电动自行车、应急电源、储能和低速电动汽车等领域，目前最大的应用端是中国铁塔的通信基站。中国铁塔现有通信基站规模超过190万个，在网的铅酸蓄电池备用电源总容量超过46GW·h，2019年中国铁塔停止采购铅酸蓄电池并继续扩大梯次利用电池使用规模，年内应用梯次利用电池超5GW·h，未来6年内，中国铁塔计划使用退役动力蓄电池完成24GW·h的铅酸蓄电池替代。

梯次储能领域已有国家电网、南方电网、比亚迪、北汽新能源、比克电池等企业开展示范应用。综合考虑电池回收储运、检测评估及拆解分选、重组等各项工序，现阶段我国磷酸铁锂梯次电池综合成本约为0.45元/W·h，三元梯次电池综合成本约为0.6元/W·h。未来5年内，将有望分别下降至0.35元/W·h、0.45元/W·h，低于或接近新购铅酸蓄电池成本。

在技术层面，目前市场上梯次电池处理方式主要为检测重组。对于"十城千辆"等产生的早期动力蓄电池产品，由于信息不完全、电芯一致性较差等因素，通常先将电池包或模组拆解为电芯，再根据电芯性能测试结果进行重组使用。由于整体过程成本较高，经济性差，该技术路线已被企业逐渐弃用。

随着近年来动力蓄电池产品质量不断提升，目前主流技术手段为将电池包整包或拆分至模组级，经测试分选后直接进行梯次利用，主要涉及的技术方法包括快速余能检测评估技术、电池包拆解分选技术和系统集成技术，其中，电池包拆解效率对最终成本起到重要影响。由于动力蓄电池产品规格种类繁多、余能评估技术不成熟、通信协议不一致等因素，目前我国退役动力蓄电池拆解回收效率仍然较低，不利于产业大规模发展。

4. 再生利用产业发展情况

在产业方面，我国动力蓄电池再生利用产业发展仍处于初期阶段，大部分企业仍以小规模试产为主，见表2-5-1。由于动力蓄电池回收渠道尚未完全建立，废旧动力蓄电池主要来源于电池生产企业研发和制造过程中产生的残次品，以及"十城千辆"工程推广车辆退役的动力蓄电池。

从企业产能布局看，近年来受政策激励带动，动力蓄电池回收利用新建产能速度超预期，目前，湖北格林美、湖南邦普、浙江华友等代表企业合计已形成超过35万t/年的报废动力蓄电池处置能力，可以满足现阶段报废动力蓄电池处理需求，见表2-5-2。

在技术方面，再生利用技术主要包括火法冶金法、湿法冶金法和生物浸出法，见表2-5-3。其中，湿法冶金法用机械加工方法代替传统的加热处理方法，在一定程度上解决了实际锂离子电池回收工序中的高能耗问题，采用该技术，镍、钴、锰等金属元素的综合回收率可达98%以上，是目前回收采取的主流技术方式。此外，赛德美、杉杉凯励分别在物理修复回收技术和免放电拆解技术方面开展深入研究，并已取得了一定成效。

表2-5-1 第一批符合新能源汽车废旧动力蓄电池综合利用行业规范条件的企业产能布局

企业名称	电池包拆解/（万t/年）		再生利用/（万t/年）	
	现有产能	规划建设	现有产能	规划建设
湖北格林美	3	9	10	30
湖南邦普	10	20	10	20
浙江华友钴业	3	23	6.5	19.5
广东光华	—	20	2.1	20
赣州豪鹏	0.3	1	1.5	5

注：数据来源于《中国新能源汽车动力蓄电池回收利用产业发展报告》。

表2-5-2 国内再生利用企业发展现状

企业名称	发展现状
湖北格林美	建成废旧动力蓄电池智能化无损拆解线,开发了"液相合成和高温合成"工艺,生产的球状钴粉可直接用于动力蓄电池正极材料生产
湖南邦普	研发了动力蓄电池模组和单体电池自动化拆解装备,开发的"定向循环和逆向产品定位"工艺可生产镍钴锰酸锂和电池级四氧化三钴
浙江华友钴业	年废旧动力蓄电池回收处理产能超过65000t(电池包),具备电池包(组)拆解处理、单体破碎分级、湿法提纯等处理工艺
广东光华	已建成再生利用生产线,并开发了"多级串联协同络合萃取提纯""双极膜电渗析"等技术,采用环境友好的处理工艺实现多种有价金属元素的回收
北京赛德美	开发了电解液和隔膜拆解回收工艺,可将废旧动力蓄电池的壳体、电解液、隔膜、正极废粉、负极废粉等拆解出来,再通过材料修复工艺得到正负极材料
赣州豪鹏	投产了锂离子电池回收利用项目,具备完善的废旧动力蓄电池无害化处理设备和流程,利用先进的环保工艺和设备对废旧动力蓄电池进行资源化处理
桑德集团	10万t/年锂离子电池资源化循环利用项目在湖南邵阳开工建设

注：数据来源于工信部及各公司官网。

表2-5-3 再生利用技术优缺点分析

回收技术	内容	优点	缺点
干法回收	不通过溶液等媒介,直接实现各类电池材料或有价金属的回收,主要包括机械分选法和高温热解法	可回收汞、镍、锌等更多的重金属	造成二次污染,且能量消耗高
湿法回收	对锂离子电池进行破碎分选—溶解—分离回收的处理过程,主要包括湿法冶金、化学萃取以及离子交换等三种方法	对设备和操作要求低,化学反应选择多,产品纯度高,能够合理控制投料,对空气无影响	反应速度慢,物料通过量小,工艺复杂,成本高,回收产品价值低

(续)

回收技术	内容	优点	缺点
生物回收技术	主要是利用微生物浸出，将体系的有用组分转化为可溶化物并有选择地溶解出来，实现目标组分与杂质组分分离，最终回收锂、钴、镍等有价金属	成本低，污染小，能源消耗低，微生物可重复利用	微生物菌类培养困难，浸出环境要求高，回收时间较长

注：数据来源于前瞻产业研究院。

（三）产业发展存在的问题和对策建议

我国动力蓄电池回收利用产业正处于从示范应用向大规模推广的关键过渡时期，尽管近年来在政府部门和企业的共同努力下已取得一定进展，但整体来看仍然存在较多问题。

（1）现有政策约束力不强，回收体系建设难度大

整体来看，我国动力蓄电池回收利用产业已发布政策主要为行政性政策，缺乏强制执行及处罚措施，对产业发展的约束力有限。建立完善的退役动力蓄电池回收渠道是产业健康发展的基石，尽管政策已明确新能源汽车生产企业承担动力蓄电池回收的主体责任，但由于目前市场上的退役动力蓄电池流向更多为价格导向，且行业缺乏回收企业准入管理，一些操作灵活、规范性较差的小作坊式企业由于经营成本较低，在报价方面具备更强的竞争力，导致退役动力蓄电池较大比例流入非正规灰色产业链，正规回收企业动力蓄电池回收困难。同时，由于回收网点建设投入较大、回收收益较低等因素，车企缺乏建设动力，回收网点规范性较差，网点覆盖率不足，回收利用体系仍需进一步完善。

（2）标准体系建设明显滞后，回收利用缺乏权威引导

近年来，我国退役动力蓄电池数量显著增多，正处于大规模退役前的关键准备时期，亟需在技术、管理层面建立完善的标准体系，以保障产业稳定有序发展。截至目前，产业现有标准仍以技术规范为主，回收服务网点建设标准、动力蓄电池运输过程中的装卸搬运标准、存储标准等管理性

先行标准仍然缺失，梯次利用剩余寿命评估、再生利用放电规范等技术标准仍在研究阶段，难以满足产业快速发展需求，较大程度上限制了产业规范发展。

（3）产业尚未形成规模效应，企业盈利水平有待提升

目前，我国退役动力蓄电池数量仍较为有限，同时，随着作坊式企业的涉入，正规渠道回收动力蓄电池量较少，难以形成规模效应，造成大量产能闲置，增加了企业的成本负担。现阶段动力蓄电池回收种类仍以磷酸铁锂电池为主，由于其不含钴、镍等价值量较高的金属材料，再生利用难以盈利。同时，由于国内的退役动力蓄电池产品通信协议仍未形成共享机制，企业间资源整合和跨界协调存在一定的困难，未形成有效的商业合作机制；此外，随着近年来动力蓄电池成本迅速下降，退役动力蓄电池经拆解、分选、重组等全周期梯次利用，成本已与新电池基本相当，价格优势逐渐减弱，企业盈利能力面临巨大挑战。

（4）回收利用技术仍未成熟，梯次产品性能难以保证

由于发展时间较短，我国动力蓄电池回收利用产业在余能评估、自动化拆解、集成重组等方面技术仍不成熟，退役动力蓄电池产品定价机制缺乏有效依据。由于退役动力蓄电池种类繁多、规格尺寸不一，电池重组后形成的梯次产品一致性相对较差，产品性能难以保证，存在安全隐患。较多回收企业设备兼容性较差，大多仍采用人工拆解方式，难以满足未来大规模处理需求。再生利用带电破碎和提粉成套设备技术水平仍然较低，电池材料级回收冶金工艺综合效益不高，回收时间长，亟待进一步探索优化。由于企业暂未形成较好的盈利点，且研发资金投入和研发动力不足，相关技术进步缓慢，形成恶性循环。

总之，动力蓄电池回收利用产业市场化发展需要政府、行业组织与企业共同探索和实践，考虑现阶段产业仍不成熟，未来产业发展仍需以政策标准体系完善为首要工作，同步开展商业模式探索与技术提升，建议从以下三方面实施。

（1）进一步强化政府监管，加快完善标准体系

建议主管部门加快推进《新能源汽车动力蓄电池回收利用管理暂行办

法》立法工作，强化政府监管。严格设置回收利用企业准入条件，强化动力蓄电池溯源管理，彻底整治小作坊式企业回收乱象，明确消费者承担退役动力蓄电池主动回收义务，规范回收渠道。加强部门联动，充分发挥部级联席会议制度优势，联合公安部、交通运输部等多部门协调解决车辆多级市场流动所有权归属等难题，形成决策合力，与地方政府建立协同监督管理机制，保证政策实施落地。研究制定鼓励刺激政策，采取税收优惠或财政补贴的方式对网点建设和回收利用企业给予鼓励，加强各方积极性。加快回收利用各环节标准体系建设，鼓励通过行业机构先以团体标准的方式加快产业亟需标准规范的制修订和完善。

（2）持续开展关键技术攻关，技术创新引领产业发展

建议依托骨干企业，通过建立国家科技计划统筹资金等方式加大对退役动力蓄电池余能检测、快速拆解分选、系统集成等关键技术开发的支持力度，突破产业技术瓶颈；充分发挥创新中心、联盟等行业机构统筹协调作用，凝聚整车企业、动力蓄电池企业、报废拆解企业、回收利用企业以及社会资本等产业链优势资源，开展产业化技术协同创新，开展先进设备研发，加强大数据等信息化手段应用，有效提升回收利用工艺水平和工作效率，提高经济可行性。

（3）深入开展产业协同，探索新型商业模式

鼓励车企与动力蓄电池企业、回收利用企业等开展深度合作，在原有产业链供应合作基础上协同开展动力蓄电池回收利用产业布局，共建共用回收网点，合理分配经营收益，以回收端反哺生产端，形成利益共同体。由车企或具有动力蓄电池控制权的企业承担电池回收主体责任，可通过以租代售、置换补贴等方式提升消费者移交退役动力蓄电池意愿，从源头完善动力蓄电池回收渠道。加快建立退役动力蓄电池信息共享机制，深化产业链间互惠合作，鼓励上下游企业共同建立创新商业模式试点，破除体制障碍，探索形成可操作性强、具备经济可行性的商业模式。推动动力蓄电池大数据监控平台以及梯次利用交易平台等公共平台建设，研究导入第三方动力蓄电池残值交易评估与定价机制，促进产业规范有序发展。

二、新能源汽车全生命周期经济性分析研究

(一) 汽车购置及使用环境分析

1. 政策环境

截至 2020 年 10 月底,我国政府在支持新能源汽车发展方面建立了相对完善的政策体系,涵盖了产业推进、购置补贴、税费减免、使用补贴、通行优惠、充电支持等方面,其核心要点见表 2-5-4。

表 2-5-4 新能源汽车生命周期可享受的政策优惠汇总

范围	类别	核心要点
生产端	双积分(乘用车)	纯电动汽车积分 2~5 分,低能耗车型有 1.2 倍积分奖励 插电式混合动力汽车积分 2 分 (2020 年) 2020 年积分比例要求:12%,2021 年积分比例要求:14%,2022 年积分比例要求:16%,2023 年积分比例要求:18% 积分价值,2020 年 2000~3000 元/单位积分
	消费税	纯电动汽车暂不征收消费税,燃油汽车与排量正相关,税率 1%~40%
购置端	中央购置补贴	纯电动乘用车补贴金额根据里程 1.62~2.25 万元/辆,低于 300km 不补贴。插电式混合动力汽车补贴 0.85 万元/辆。2021 年和 2022 年分别在上一年基础上退坡 20% 和 30% 纯电动客车根据车长补贴 2 万~9 万元/辆,插电式混合动力客车补贴 1 万~3.8 万元/辆 纯电动货车根据吨位补贴 1.8 万~5 万元/辆,插电式混合动力货车补贴 2 万~3 万元/辆
	免购置税	新能源汽车免收购置税
	牌照	5 个限牌城市及区域对燃油汽车限牌、限行,对新能源汽车不限牌、不限行,燃油汽车牌照拍卖价格 2 万~9 万元不等。北京对燃油汽车和纯电动汽车实行新上牌照总量限制
使用端	免车船税	各省级行政区自行规定金额,乘用车一般根据排量,年征收金额为 180~4500 元,分档类似消费税
	地方补贴	2020 年,上海、深圳、广州、海南等地提供了地方综合性补贴 5000~10000 元,预计 2021 年起不再提供
	限行	全国 15 个城市新能源汽车不限行,燃油汽车限行,新能源物流车不限行,燃油货车限行

注:根据政府公开信息整理。

2. 动力蓄电池技术及价格发展趋势

根据市场调研结果，2020年磷酸铁锂单体电池每千瓦时售价600~700元，系统每千瓦时700~800元；三元锂电池单体电池每千瓦时售价800~900元，系统每千瓦时900~1000元。目前，磷酸铁锂电池系统循环寿命在2000~3000次，日历寿命6~8年（损耗不超过20%）；三元锂电池系统循环寿命在1500~2000次，日历寿命8~10年（损耗不超过20%）。结合动力蓄电池价格历史下降曲线及专家预测，未来5年，磷酸铁锂单体电池每千瓦时有望下降至500~600元，系统每千瓦时下降至600~700元，系统循环寿命提升至3000~4000次，日历寿命提升至8~10年；三元锂电池单体电池每千瓦时有望下降至600~700元，系统每千瓦时下降至700~800元，系统循环寿命提升至2000~3000次，日历寿命提升至10~12年，基本可与车身等寿命。

3. 充电成本情况

2018年1月，国家发展改革委发布《政府定价的经营服务性收费目录清单》，其中包括中央和地方定价的所有经营服务性收费，有20个省市涉及电动汽车充换电服务收费项目。各地政府根据该清单指定了充电服务费，其中乘用车充电服务费为0.4~1.5元/kW·h，商用车充电服务费为0.35~1.4元/kW·h。

以北京为例，国家电网充电桩充电服务费为0.80元/kW·h，电费根据峰谷电价收费，其中峰时电价0.98元/kW·h，谷时电价0.37元/kW·h，平时为0.67元/kW·h，即一般公共充电桩充电价格为1.47元/kW·h。民用电是阶梯用电，分三档，从0.49元/kW·h到0.79元/kW·h，如果使用家用电充，一般为0.79元/kW·h，因为使用家用电充，很容易使居民用电达到第三档，即最高的0.79元/kW·h。家庭也可以安装峰谷电表，按照峰谷计价，电动汽车晚间智能充电，电价可以控制在0.5元/kW·h。第三方交流充电桩一般电价加服务费后总价在1.5~1.8元/kW·h之间。直流快充桩充电费用还会更高，一般为1.8~2.2元/kW·h。

根据消费者调查数据，家用纯电动乘用车，一般家庭充电比例为

80%，公共充电桩充电比例不足20%（其余为换电模式）；插电式混合动力乘用车70%使用家庭充电，30%使用公共充电桩充电。

4. 能源价格及趋势判断

近10年，我国汽油价格上涨较慢，且出现回调现象。2002—2020年，我国汽油价格从2.5元/L上涨到6.19元/L，如图2-5-7所示，18年间，油价上升148%，平均年增速5.5%；而同期国内生产总值（GDP）名义增长接近10倍，平均增速15%，即汽油价格增速不及同期GDP增速的37%。未来5年，我国GDP增速预计将从6%下滑到5%。从这个角度看，预计我国汽油价格年均增速不超过4%。

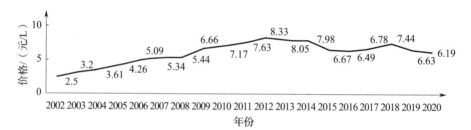

图2-5-7 2002—2020年我国汽油价格走势

国际能源价格在2011年达到顶峰后，一直处于下滑状态，如图2-5-8和图2-5-9所示。根据BP公司发布的《世界能源展望（2020年版）》分析，未来10~20年，尽管能源总需求处于增长状态，但石油资源增长可能较慢，甚至处于下滑状态，如图2-5-8和图2-5-9所示。电力能源需求和可再生能源需求将保持较快增长。因此，国际原油价格将很难恢复至2011年的巅峰状态，但油价在未来5~10年将比2020年仍有所增长，预计可能达到80~100美元/桶。

国际天然气价格与原油价格走势相似，在2014年达到峰值后，近年来一直处于波动下滑状态，预计国际天然气价格3~5年内很难超过历史峰值。

由此预计未来5年，我国汽油价格将很难突破8元/L，将在2020年6.2元/L的基础上每年增长3%~5%，2025年预计为8元/L。

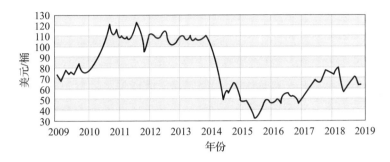

图 2-5-8 2009—2019 年布伦特原油价格走势

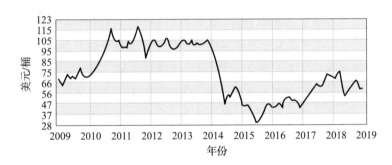

图 2-5-9 2009—2019 年美国原油价格走势

我国电价在过去 10 年基本上没有变化,未来随着风能、太阳能等可再生能源比例提升,预计即使电力需求提升,电价也会保持稳定。因此,预计保持目前的电价基本不变。

5. 二手车价格及趋势

燃油汽车二手车估值和交易相对比较成熟,一般有两种方法估算残值,分别为里程折旧法和平均年限法。一般来说,里程折旧法适合营运车辆,平均年限估值多用于家用车辆。这两种估值方法得到的一般为行业平均水平,但外资品牌和本土品牌略有差异,总体而言,外资品牌残值率高一些,本土品牌残值率低一点。

里程折旧法通俗的定义为"54321 法",具体是,假如一辆汽车的有效寿命为 30 万 km,将其分为 5 段,每段 6 万 km,每段价值分别为新车价值的 5/15、4/15、3/15、2/15、1/15。平均年限法估算方式为:新车购买第一年后,残值为 80%,从第二年开始,车辆每使用一年残值降低 10%,因此，第二年、第三年、第四年、第五年、第六年的车辆残值分别为70%、60%、50%、40%、30%。但随着汽车电动化发展，燃油汽车残值在未来将呈现下降趋势，预计2024年起将下降，最终与新能源汽车残值率相当。

目前，纯电动二手车尚无公认合理的估值模型。分析主要原因，一是法规标准不完善，二手纯电动汽车换电升级几乎不可行；二是纯电动汽车技术迭代快，技术远没有达到相对稳定的水平。这两个原因造成纯电动二手车残值率极低。目前，市场上家用纯电动汽车一年后残值可能只有60%，第二年残值不足50%，第三年残值接近40%，第四年残值30%，第五年残值只有20%，小型纯电动汽车可能只有10%。插电式混合动力汽车残值率预估略低于燃油汽车，但高于纯电动汽车。但随着新能源二手车相关标准法规不断完善，预计三年后，新能源二手车残值估值将与燃油汽车相近。

（二）2020年主流新能源乘用车车型情况

1. 纯电动乘用车

2020年，我国汽车市场有25款纯电动乘用车月均销量超过1000辆，除宏光MINI和特斯拉Model 3销量遥遥领先外，其他车型销量差距不大。其中，微型和小型纯电动车型占10款，占销量前列的车型比例较高，这与当前燃油汽车市场有很大不同，与我国燃油汽车市场起步阶段有较大的相似性。2020年，微型燃油轿车大部分已停售，微型电动轿车基本上已没有相应的燃油汽车竞品。小型纯电动轿车车型少，销量也低，不是纯电动乘用车主流车型。在轿车方面，主要在紧凑型和中型车领域，燃油汽车与纯电动汽车形成较强的竞争关系。对标车型筛选原则是同级别、同档次、配置接近。经筛选，代表性车型关键参数见表2-5-5、表2-5-6。

表2-5-5　2020年典型纯电动轿车关键参数

级别	车型	售价/万元	百公里能耗/kW·h	纯电里程/km	电池电量/kW·h	月均销量/辆
微型	宏光MINI EV	3.88	8.2	170	13.9	23851
微型	奇瑞eQ1	6.68	9.5	301	30.6	3187
微型	长城欧拉黑猫	6.98	10.2	301	28.5	6234

(续)

级别	车型	售价/万元	百公里能耗/kW·h	纯电里程/km	电池电量/kW·h	月均销量/辆
紧凑型	比亚迪秦 EV	12.99	13.4	421	53.1	3468
紧凑型	荣威 Ei5	13.08	13.5	420	52.5	1229
中型	广汽埃安 S	13.98	12.9	460	58.8	3802
中型	Model 3	24.99	12.6	468	55	11506
中大型	比亚迪汉	22.98	12.7	605	76.9	4796

注：燃油汽车考虑市场实际成交价和实际能耗，新能源汽车均是补贴后的售价，表 2-5-6~表 2-5-12 亦同。

表 2-5-6 2020 年典型纯电动轿车对标燃油轿车关键参数

级别	对标燃油汽车	售价/元	百公里能耗/L	车船税/元
紧凑型	比亚迪秦 pro 豪华	8.98	7.5	300
紧凑型	荣威 i5 旗舰	8.49	6.7	300
中型	传祺 GA6 精英	10.08	7.6	480
中型	奥迪 A4L 时尚	25.99	7.2	480
中大型	丰田亚洲龙豪华	20.78	6.8	480

SUV 车型方面，小型、紧凑型、中型和中大型均是燃油车型和纯电动车型投放的重点，双方形成较强的竞争关系，经筛选，代表性车型关键参数见表 2-5-7、表 2-5-8。

表 2-5-7 2020 年典型纯电动 SUV 关键参数

级别	车型	售价/万元	百公里能耗/kW·h	纯电里程/km	电池电量/kW·h	月均销量/辆
小型	名爵 EZS	11.98	13.8	335	45	1999
小型	比亚迪元 EV	10.58	13.1	305	40.5	1340
紧凑型	比亚迪宋 EV	18.99	12.4	500	61.9	1057
紧凑型	广汽埃安 V	16.96	14.3	400	52.4	1596
中型	蔚来 ES6	34.36	16.7	600	100	2330
中大型	蔚来 ES8	45.8	16.9	415	70	1111

表2-5-8 2020年典型纯电动SUV对标燃油汽车关键参数

级别	对标燃油汽车	售价/万元	百公里油耗/L	车船税/元
小型	名爵ZS DVVTbase	7.98	7.2	300
小型	元自动炫酷	7.99	7.9	300
紧凑型	宋自动精英	8.98	8.4	300
紧凑型	传祺GS5智领	14.18	7.6	300
中型	凯迪拉克XT5豪华	30.5	8.3	480
中大型	红旗HS7四驱旗畅	41.58	10.9	600

2. 插电式乘用车

2020年，我国汽车市场有20款插电式混合动力乘用车月均销量超过200辆，其中8款车型月均销量超过1000辆，市场集中度较高，合资品牌车型优势明显。轿车方面，紧凑型、中型、中大型插电式混合动力车型和燃油车型形成全面竞争关系，经筛选，代表性车型关键参数见表2-5-9、表2-5-10。

表2-5-9 典型插电式混合动力轿车关键参数

级别	车型	售价/万元	百公里油耗/L	纯电动里程/km	电池电量/kW·h	月均销量/辆
紧凑型	别克VELITE6 PHEV	15.68	2.4	60	9.5	1040
紧凑型	丰田雷凌PHEV	18.38	2.5	53	11	432
中型	上众帕萨特PHEV	21.75	2.7	63	13	1410
中型	一众迈腾GTE	23.39	2.7	56	13	627
中大型	比亚迪汉DM	21.98	2.4	81	16	2357
中大型	宝马5Sr PHEV	49.9	3.2	95	17.7	1956

表2-5-10 典型插电式混合动力轿车对标燃油轿车关键参数

级别	对标燃油车型	售价/万元	百公里油耗/L	车船税/元
紧凑型	福特福克斯锋潮	12.18	6.7	300
紧凑型	丰田雷凌 进取	12.88	4.1	300
中型	上众帕萨特 精英	18.79	7.3	480
中型	一众迈腾	18.89	7.3	480
中大型	丰田亚洲龙豪华	20.78	6.8	480
中大型	宝马5Sr 豪华	36.9	7.5	480

在SUV方面，小型、紧凑型、中型、中大型插电式混合动力车型和燃油车型形成全面竞争关系，经筛选，代表性车型见表2-5-11、表2-5-12。

表2-5-11 典型插电式混合动力SUV关键参数

级别	车型	售价/万元	百公里油耗/L	纯电动里程/km	电池电量/kW·h	月均销量/辆
小型	吉利缤越新能源	12.58	2.4	62	11.3	131
紧凑型	宝马X1 PHEV	32.98	2.3	110	23	263
中型	上众途观PHEV	22.68	2.6	55	13	962
中型	一众探岳GTE	21.98	3	54	13	918
中大型	理想one	32.8	2	180	40	2185

表2-5-12 典型插电式混合动力SUV对标燃油SUV关键参数

级别	车型	售价/万元	百公里油耗/L	车船税/元
小型	吉利缤越	9.38	7.3	300
紧凑型	宝马X1	25.78	7.2	480
中型	上众途观	18.68	7.6	480
中型	一众探岳	18.99	7.8	480
中大型	上众途昂	34.59	9.4	480

（三）新能源乘用车全生命周期经济性比较

1. 经济性分析前提概要

新能源汽车全生命周期内受到国家政策的广泛支持，政策前提概要汇总附录1已列出，汽车使用阶段相关数据现状及趋势预测见表2-5-13。

表2-5-13 汽车使用阶段相关数据现状及趋势预测

项目	2020年	2021年	2022年	2023年	2024年	2025年
家用车充电价格/（元/kW·h）	0.7	0.7	0.7	0.7	0.7	0.7
公共充电价格/（元/kW·h）	1.5	1.5	1.5	1.5	1.5	1.5
汽油价格/（元/L）	6.3	6.6	6.8	7.1	7.4	7.7
天然气价格/（元/m³）	3.4	3.7	3.9	4.1	4.3	4.5
燃油汽车5年残值比例（本土）	0.35	0.35	0.35	0.4	0.35	0.35

（续）

项目	2020年	2021年	2022年	2023年	2024年	2025年
燃油汽车5年残值比例（外资）	0.4	0.4	0.4	0.4	0.35	0.35
插电式混合动力汽车5年残值比例	0.3	0.3	0.35	0.35	0.3	0.3
纯电动汽车5年残值比例	0.2	0.2	0.25	0.25	0.3	0.3
磷酸铁锂单体电池价格/（元/kW·h）	600	600	550	550	500	500
三元锂单体电池价格/（元/kW·h）	800	700	650	650	600	600

注：特斯拉残值率较高，与插电式混合动力汽车接近，其他品牌纯电动汽车残值率普遍较低；小型纯电动汽车残值率非常低，5年残值率可能只有10%。

2. 纯电动乘用车

从5年购买及使用经济性看，目前纯电动轿车表现出的经济性越好，其销量越大。例如特斯拉Model 3经济性非常突出，这也是这款车销量遥遥领先的重要因素，见表2-5-14、表2-5-15。从纯电动轿车经济性分析数据看，目前销量较好的纯电动轿车购买及使用经济性表现尚可，基于具备了和燃油汽车正面竞争的实力，如果充电条件进一步完善，二手电动汽车流通问题能够解决，残值得以提升，则预计能够进一步推动新能源汽车取得更好的市场表现。

表2-5-14　2020年纯电动轿车经济性参数

车型	完税价/万元	保险费用/元	年能耗费用/元	年维保+车船费/元	二手车残值/万元	5年费用总计/万元	与燃油汽车费用差/万元
宏光MINI EV	3.88	3459	492	100	0.39	5.22	—
奇瑞eQ1	6.68	4224	798	150	0.67	8.11	—
欧拉黑猫	6.98	4249	857	150	0.70	8.42	—
比亚迪秦EV	12.99	5780	1407	200	2.60	13.28	0.60
荣威Ei5	13.08	5806	1397	200	2.62	13.35	1.50
广汽埃安S	13.98	6034	1355	200	2.80	14.13	0.28
特斯拉Model 3	24.99	8840	1323	500	7.50	22.15	-4.30
比亚迪汉	22.98	8329	1334	200	4.60	21.58	0.57

表 2-5-15 2020 年纯电动轿车对标燃油轿车经济性参数

对标燃油汽车	完税价/万元	保险费用/元	年能耗费用/元	年维保+车船费/元	二手车残值/万元	5 年费用总计/万元
比亚迪秦 pro	9.77	4759	7088	1100	3.14	12.67
荣威 i5	9.24	4634	6332	1000	2.97	11.86
传祺 GA6 精英	10.97	5244	7182	1000	3.53	13.85
奥迪 A4L 时尚	28.29	9095	6804	2080	10.40	25.88
丰田亚洲龙豪华	22.62	8232	6426	1680	8.31	21.58

注：家用汽车年行驶里程都按照 1.5 万 km 计，电价按照 0.7 元/kW·h 计，2020 年油价按照 6.3 元/L 计，表 2-5-16~表 2-5-21 亦同。

从纯电动 SUV 与燃油 SUV 经济性比较看，小型纯电动 SUV 经济性更好，部分紧凑型纯电动 SUV 经济性一般，中型和中大型纯电动 SUV 经济性一般，见表 2-5-16、表 2-5-17。但蔚来中型及中大型 SUV 并没有直接对标的燃油 SUV，消费者在考虑经济性上就弱了很多，这就使得造车新势力车型即使经济性不佳，销量仍然较好。

表 2-5-16 纯电动 SUV 经济性参数

车型	完税价/万元	保险费用/元	年能耗费用/元	年维保+车船费/元	二手车残值/万元	5 年费用总计/万元	与燃油汽车费用差/万元
比亚迪元 EV	10.58	5167	1376	200	2.12	11.11	-0.89
名爵 EZS	11.98	5524	1449	200	2.40	12.40	0.45
比亚迪宋 EV	18.99	7310	1302	200	3.80	18.57	5.44
广汽埃安 V	16.96	6794	1491	300	3.39	16.91	-0.22
蔚来 ES6	34.36	11561	1754	400	6.87	32.73	2.84
蔚来 ES8	45.8	14479	1775	400	9.16	42.94	-0.89

表 2-5-17 纯电动 SUV 对标燃油 SUV 经济性参数

对标燃油汽车	完税价/万元	保险费用/元	年能耗费用/元	年维保+车船费/元	二手车残值/万元	5 年费用总计/万元
比亚迪元自动炫酷	8.70	4505	7466	900	2.80	14.22
名爵 ZS DVVTbase	8.69	4504	7371	900	2.79	16.05

(续)

对标燃油汽车	完税价/万元	保险费用/元	年能耗费用/元	年维保+车船费/元	二手车残值/万元	5年费用总计/万元
比亚迪宋自动精英	9.77	4759	7938	1000	3.14	18.38
传祺 GS5 智领	15.43	6085	8694	1180	4.96	19.91
凯迪拉克 XT5 豪华	33.20	10576	7844	1680	12.20	18.67
红旗 HS7 四驱旗畅	44.17	13147	10962	1680	14.20	40.16

3. 插电式混合动力乘用车

插电式混合动力轿车销量较好的车型，5 年购置及使用经济性已能与燃油轿车匹敌，部分车型经济性甚至比燃油轿车更有优势。而高端插电式混合动力轿车经济性一般，但销量却不低，这说明高端车对经济性不敏感，见表 2-5-18、表 2-5-19。

表 2-5-18 插电式混合动力轿车经济性参数

车型	完税价/万元	保险费用/元	年能耗费用/元	年维保+车船费/元	二手车残值/万元	5年费用总计/万元	与燃油汽车费用差/万元
别克 VELITE 6	15.98	6544	2268	500	5.59	14.22	-0.24
丰田雷凌 PHEV	18.38	7156	2363	500	6.43	16.05	2.52
上众帕萨特 PHEV	21.75	7250	2552	500	7.61	18.38	-1.18
一众迈腾 GTE	23.39	8563	2552	500	8.19	19.91	0.10
比亚迪汉 DM	21.98	8074	2268	500	7.69	18.67	-2.91
宝马 5Sr PHEV	49.9	15545	3024	1000	17.47	40.16	5.57

表 2-5-19 插电式混合动力轿车对标燃油轿车经济性参数

对标燃油汽车	完税价/万元	保险费用/元	年能耗费用/元	年维保+车船费/元	二手车残值/万元	5年费用总计/万元
福特福克斯峰潮	15.98	4708	6521	700	4.27	14.22
丰田雷凌 进取	18.38	5754	3875	1000	5.15	16.05
上众帕萨特 精英	21.75	6749	6899	1480	7.52	18.38
一众迈腾	23.39	7285	6899	1480	7.56	19.91
丰田亚洲龙豪华	21.98	8232	6426	1680	8.31	18.67
宝马 5Sr 豪华	49.9	12230	7088	2480	14.76	40.16

插电式混合动力 SUV 销量较好的车型，5 年购置及使用经济性比燃油汽车更有优势。理想 one 作为增程式电动车型经济性极其出色，这也是理想 one 成为插电式混合动力 SUV 领域销量最高的车型的重要原因，见表 2-5-20、表 2-5-21。

表 2-5-20 插电式混合动力 SUV 经济性参数

车型	完税价/万元	保险费用/元	年能耗费用/元	年维保+车船费/元	二手车残值/万元	5 年费用总计/万元	与燃油汽车费用差/万元
缤越新能源	12.58	5677	2268	300	3.77	12.13	-0.44
宝马 X1 PHEV	32.98	11208	2174	600	11.54	26.86	1.61
吉利星越 SUV 揽星	17.08	6824	2457	400	5.12	15.84	-2.34
上众途观 PHEV	22.68	8253	2457	500	7.94	19.19	-0.60
一众探岳 GTE	21.98	7584	2835	500	7.69	18.68	-1.45
理想 one	32.8	11164	1890	500	9.84	28.17	-5.11

表 2-5-21 插电式混合动力 SUV 对标燃油 SUV 经济性参数

对标燃油汽车	完税价/万元	保险费用/元	年能耗费用/元	年维保+车船费/元	二手车残值/万元	5 年费用总计/万元
吉利缤越	10.21	4861	6899	900	3.28	12.58
宝马 X1	28.06	9043	6804	1680	10.31	25.25
吉利星越 SUV 揽星	16.63	6366	8033	1180	5.35	18.18
上众途观	20.33	7233	7182	1480	7.47	19.80
一众探岳	20.67	7310	7371	1480	7.60	20.13
上众途昂	37.65	11618	8883	1680	13.84	33.28

（四）乘用车行业政策完善及企业对策建议

1. 管理政策及标准法规完善建议

（1）完善二手新能源汽车管理政策及标准法规

目前，二手新能源汽车，尤其是纯电动汽车残值率严重偏低，极大地影响了新能源汽车的二手车交易。当前，二手新能源汽车相关标准法规不完善，主要体现在二手电动汽车动力蓄电池升级存在法规障碍和标准缺失、二手电动汽车动力蓄电池损耗检测缺乏统一的检测标准、二手电动汽车动力蓄电池损耗情况和剩余寿命缺乏明示和量化。消费者对电动汽车动力蓄电池情况无法得到可靠和直观的了解，进而缺乏购买和使用二手电动汽车的信心。

（2）完善车电分离政策及标准法规

车电分离对降低消费者购置电动汽车门槛具有重要作用，同时有助于企业创新商业模式。但当前车电分离缺乏公告管理和财税政策的支持；车电分离面临生产一致性问题；如果实现车电分离，汽车的发票和动力蓄电池发票如何解决因购置税单独开具的问题。另外还包括车电分离的车辆电安全性和整车安全性检测问题；车电分离状态下，动力蓄电池安全性检测问题；车电分离与动力蓄电池标准化协调问题；车电分离保险费用问题等。国家应改革新能源汽车公告管理体制，对新能源汽车实行更加灵活的产品管理办法，切实落实产品备案制、事中事后监管制。发挥行业机构的作用，健全行业自我约束、自我管理的能力。

（3）购置税减免不能轻易退出

目前在销售环节，财政补贴和购置税减免是重要的补充环节。其中，购置税固定占车价的9%，财政补贴占车价的10%~20%，这两项政策合计占车价的20%~30%。如果这两项退出，在不增加消费者购车支出的情况下，需要车企承担两项政策退出的损失。对纯电动汽车而言，除去动力蓄电池，其他部件降成本的空间已极为有限，预计不超过整车成本的10%。目前，锂离子动力蓄电池在未来降成本空间也不大，预计不超过20%。而动力蓄电池占车价的30%~50%，根据动力蓄电池降成本最大20%计算，折合为车价的6%~10%。换言之，未来纯电动汽车降成本的最大空间约为当前车价的15%~20%。未来5年，纯电动汽车降成本与政策退出尚有约5%的差值。因此，在补贴政策退出后，购置税减免不可完全退出，最低需要购置税减半，较好的情况是继续减免新能源汽车购置税至2025年。

（4）完善充电基础设施

从新能源汽车5年经济性分析数据可知，目前相当数量的新能源车型经济性已可以同燃油汽车匹敌，部分车型甚至明显优于燃油汽车，但相关车型销量还远远无法与燃油汽车匹敌,且当前新能源汽车的销售市场仍然主要在限牌和限行城市。这其中一个重要原因是充电不便,尤其大中城市,充电桩布局不够合理,充电桩数量也不够充裕。

(5) 鼓励和支持企业联合开展新能源汽车专用基础性平台开发

新能源汽车处于成长期,国内车企销量分散,单车型规模小,规模效益差,独自开发新能源汽车平台成本高、风险大,与跨国巨头存在巨大的资金差距和技术积累差距,常规产品开发路线无法与跨国巨头竞争,难以实现跨越式发展。应借鉴 IT、手机、高铁等行业成功经验,鼓励企业联合开展新能源汽车专用基础性平台开发,建立风险共担、成果共享机制。

2. 企业应对策略建议

(1) 创新商业模式,充分挖掘市场机会

在补贴政策逐步退出后,在不增加消费者购置支出的情况下,企业销售纯电动汽车压力巨大,但未来 3~5 年,纯电动汽车成本下降空间有限,这需要企业创新商业模式,充分发挥动力蓄电池产品特性,充分利用动力蓄电池优势,规避成本劣势。车电分离是能够有效降低消费者初次购置纯电动汽车成本的有效办法。

(2) 因地制宜投放产品,技术路线灵活

我国地域广大,南北气候差异大,纯电动汽车在北方寒冷的冬季存在续驶里程严重缩水问题,且很难解决,这明显影响纯电动汽车在北方城市的销售。面对北方市场,插电式混合动力或增程式电动汽车可能是更为符合消费者需求的新能源汽车。

(3) 企业联合研发电动汽车专用平台,并与燃油汽车实现差异化竞争

当前,国内车企电动汽车单车型平台销量普遍较低,远无法与特斯拉、大众这样的行业巨头相匹敌,单车研发费用、关键件配套费用无法与巨头拼成本,在品牌价值不占优的情况下,完全市场化竞争将会面临巨大压力。国企或私企应考虑多种方式联合开发车型基础平台,提升关键零部件共用率,降低开发成本和采购成本,各车企在差异化设计上提升水平,产品各具特色,从而赢得与跨国巨头的不对称竞争优势。

（五）新能源客车经济性比较

1. 公路客车

城间公路客车是企业行为，经济性是其重要的考虑因素。因此，本节新能源客车经济性比较侧重分析公路客车的经济性，兼顾分析城市公交客车的经济性。以京津城际客车为例，一般使用9m客车，每天往返两次，某企业9m城际客车相关参数见表2-5-22。

表2-5-22　某企业9m城际客车相关参数

参数		数值	参数		数值
能耗	混动节油/气率（%）	10	维保	柴油/（元/km）	0.37
	柴油/（L/100km）	22.5		NG/（元/km）	0.385
	天然气/（m³/100km）	31		油电/（元/km）	0.4
	油电/（L/100km）	20.25		气电/（元/km）	0.415
	气电/（m³/100km）	27.9		纯电/（元/km）	0.21
	纯电/（kW·h/100km）	90		燃料电池/（元/km）	0.37
	燃料电池/（kg/100km）	7.7	运营工况	纯电动续驶里程/km	290
燃料费用	柴油/（元/L）	5.5		日运营里程/km	400
	天然气/（元/m³）	3		年运营天数/天	340
	电价/（元/kW·h）	1.5		年运营里程/km	136000
	氢气/（19~20）	40		车长/mm	8995

在当前情况下，9m公路客车8年生命周期内，天然气发动机车型具有突出的燃料经济性，在生命周期内可节省运营费用达54万元；插电式混合动力车型比燃油车型经济性略有改善，如果取消补贴，经济性几乎相当。纯电动公路客车经济性不佳，在8年生命周期内亏损达19万元，该亏损主要是更换动力蓄电池造成的，目前动力蓄电池一般质保8年或50万km，城际客车8年生命周期运行里程超过100万km，动力蓄电池循环次数超过5000次，远超原配动力蓄电池的性能指标，纯电动客车需要更换动力蓄电池，成本增加约1000元/kW·h。燃料电池客车在生命周期内亏损严重，公路客车领域几乎不具有任何竞争力。具体见表2-5-23。

表 2-5-23　9m 城际客车各能源类型经济性比较

(单位：万元)

能源类型	动力配置	购置补贴	购置成本	年能耗费用	维保费用	换能源系统	8年总费用	基准差
柴油	玉柴国六	0	54	19.9	5.0	0	253.0	基准(0)
天然气	玉柴国六	0	56	12.6	5.2	0	198.9	-54.0
油电混动	国六+锂离子电池 50kW·h	2	55	17.9	5.4	5	246.3	-6.7
气电混动	国六+锂离子电池 50kW·h	2	57	11.4	5.6	5	197.9	-55.1
纯电	锂离子电池 255kW·h	5	74	18.4	2.9	28	271.8	18.9
燃料电池	燃料电池 60kW+动力蓄电池 95kW·h	42	140	41.9	5.0	160	675.8	422.8

旅游客车作为公路客车的一种，也是电动化的重点方向，目前市场上有燃油、天然气和新能源三种动力类型。以某企业 11m 旅游客车为例，其参数见表 2-5-24。

表 2-5-24　某企业 11m 旅游客车相关参数

参数		数值	参数		数值
能耗	混动节油/气率（%）	20	维保	柴油/（元/km）	0.37
	柴油/（L/100km）	22.5		NG/（元/km）	0.385
	天然气/（m³/100km）	31		油电/（元/km）	0.4
	油电/（L/100km）	18		气电/（元/km）	0.415
	气电/（m³/100km）	24.8		纯电/（元/km）	0.21
	纯电/（kW·h/100km）	90		燃料电池/（元/km）	0.37
	燃料电池/（kg/100km）	7.7	运营工况	纯电动续驶里程/km	242
燃料费用	柴油/（元/L）	5.5		日运营里程/km	220
	天然气/（元/m³）	3		年运营天数/天	300
	电价/（元/kW·h）	1.5		年运营里程/km	66000
	氢气/（19~20）	40		车长/mm	10900

旅游客车一般用于中短途出游,每天最多往返一次,年运营里程约 6.6 万 km,生命周期运营里程约 52.8 万 km,基本与商用车动力蓄电池质保里程相当。对四种燃料类型车型进行经济性测算,结果显示,天然气旅游客车经济性最佳,全生命周期可节省 26 万元左右;插电式混合动力客车经济性也较好,可节省 6 万元;纯电动客车在享受 8 万元补贴的情况下,经济性基本与燃油汽车持平;燃料电池客车仍然面临巨额亏损,具体见表 2 - 5 - 25。

表 2 - 5 - 25　11m 旅游客车各能源类型经济性比较

(单位:万元)

能源类型	动力配置	购置补贴	购置成本	年能耗费用	维保费用	8 年总费用	基准差
柴油	玉柴国六	0	56	9.7	2.4	152.6	基准 (0)
天然气	玉柴国六	0	59	6.1	2.5	128.7	-23.9
油电混动	国六 + 锂离子电池 50kW·h	2.7	64	7.7	2.6	146.8	-5.9
气电混动	国六 + 锂离子电池 50kW·h	2.7	66	4.9	2.7	127.2	-25.5
纯电	锂离子电池 255kW·h	8	70	8.9	1.4	152.3	-0.3
燃料电池	燃料电池 60kW + 锂离子电池 95kW·h	72.8	146	20.3	2.4	327.8	175.2

2. 公交客车

公交客车作为惠民公益性公共交通工具,经济性并非首要考虑因素,但分析其经济性也有利于降低财政负担,发挥财税效益。以某企业 10.5m 公交客车为例,其相关参数见表 2 - 5 - 26。

表 2-5-26　某企业 10.5m 公交客车参数

参数		数值	参数		数值
能耗	混动节油/气率（%）	30	维保	柴油/（元/km）	0.37
	柴油/（L/100km）	38		NG/（元/km）	0.385
	天然气/（m³/100km）	49.9		油电/（元/km）	0.4
	油电/（L/100km）	26.6		气电/（元/km）	0.415
	气电/（m³/100km）	34.93		纯电/（元/Km）	0.21
	纯电/（kW·h/100km）	100		燃料电池/（元/km）	0.37
	燃料电池/（kg/100km）	7.7	运营工况	纯电动续驶里程/km	242
燃料费用	柴油/（元/L）	5.5		日运营里程/km	180
	天然气/（元/m³）	3		年运营天数/天	340
	电价/（元/kW·h）	1.5		年运营里程/km	61200
	氢气/（19~20）	40		车长/mm	10500

纯电动公交客车在政府强有力的补贴之下，8年生命周期经济性甚至优于天然气公交客车，但如果考虑运营补贴，减去52.8万元运营补贴后，纯电动公交客车的经济性仅仅优于燃油公交客车2.3万元。插电式混合动力客车受限于售价较高、经济性不佳，在额外运营补贴20.8万元的基础上，仅有5.8万元的燃料经济性。综合来看，天然气公交客车的经济性极其出色；燃料电池公交客车成本太高，不适合大规模推广。具体见表2-5-27。

表 2-5-27　10.5m 公交客车各能源类型经济性比较

（单位：万元）

能源类型	动力配置	购置补贴	运营补贴	购置成本	年能耗费用	维保费用	8年总费用	基准差
柴油	玉柴国六	0	1.4	47	14.6	2.3	183.7	基准（0）
天然气	玉柴国六	0	0	50	9.2	2.4	144.4	-39.2
油电混动	国六+锂离子电池50kW·h	2.7	4	71	10.6	2.4	177.8	-5.8
气电混动	国六+锂离子电池50kW·h	2.7	4	74	6.4	2.5	148.4	-35.2
纯电	锂离子电池303kW·h	8	8	88	3.7	1.3	128.5	-55.1
燃料电池	60kW+锂离子电池95kW·h	72.8	6	175	18.8	2.3	346.0	162.3

（六）新能源客车行业政策完善及企业对策建议

1. 管理政策及标准法规完善建议

天然气客车经济性非常突出，在北方城市应继续支持发展。插电式混合动力客车具有补贴资金少、排放降低明显等优势，北方城市应重点支持发展。纯电动客车存在补贴成本高企的现象，且动力蓄电池低温性能不佳，北方城市不应过度发展纯电动客车。燃料电池客车成本过高，不宜进行大规模示范运营，否则财政负担过于沉重。

2. 企业应对策略建议

企业应加强研发生产及推广天然气客车，同时降低插电式混合动力客车的成本，积极在北方地区推广此类车型。企业不应盲目推广燃料电池客车，燃料电池客车发展仍然任重道远。

子报告 六

新能源汽车产业管理、成本与产品使用发展与对策研究

一、新能源汽车市场化产业管理与政策发展

（一）产业发展与管理重点政策现状分析

"十一五"期间，以"863计划"将新能源汽车作为重大科技课题进行技术储备开始，我国的新能源汽车产业相关政策经历了从技术储备支持到全产业链的不断扩展，政策所涉及的领域越来越多，越来越具体，是我国新能源汽车发展的重要推动力。2005年以来，国务院有关部门为加速新能源汽车发展步伐出台了多项鼓励政策，促进了新能源汽车产业健康有序发展。出台的新能源汽车产业相关政策覆盖了投资环境、基础设施、市场推广、准入管理、战略规划和技术储备等，对新能源汽车产业的可持续发展起到了推动作用。

自2009年以来更是出台了行业管理、产品准入、电池规范等政策。2012年7月，《节能与新能源汽车产业发展规划（2012—2020年）》（国发〔2012〕22号）为产业的发展提供了重要的政策依据，明确了"发展节能与新能源汽车是降低汽车燃料消耗量，缓解燃油供求矛盾，减少尾气排放，改善大气环境，促进汽车产业技术进步和优化升级的重要举措。"对于新能源汽车产业，我国从终端补贴、基建补助、规范标准、政府采购等多方面予以扶持，力度巨大，方向明确，影响深远。加之技术进步与产业链的合力贡献，新能源汽车行业已驶入快速发展轨道。

至2020年，国家又陆续发布了关于新能源汽车的中长期政策，为行业

指明了发展方向。2020年4月，财政部等部委联合发布《关于完善新能源汽车推广应用财政补贴政策的通知》，将延长补贴期限，平缓补贴退坡力度和节奏；将新能源汽车推广应用财政补贴政策实施期限延长至2022年底；平缓补贴退坡力度和节奏，原则上2020—2022年补贴标准分别在上一年基础上退坡10%、20%、30%，适当优化技术指标，促进产业做优做强。

2020年6月，工信部修订《乘用车企业平均燃料消耗量与新能源汽车积分并行管理办法》，2021—2023年新能源汽车积分比例要求分别为14%、16%、18%。新能源汽车积分制的施行，将进一步推动新能源汽车产业的发展，优化新能源汽车在我国的产业化布局。

2020年11月，国务院办公厅印发《新能源汽车产业发展规划（2021—2035年）》。该规划提出，要以纯电动汽车、插电式混合动力（含增程式）汽车、燃料电池汽车为"三纵"，布局整车技术创新链；以动力蓄电池与管理系统、驱动电机与电力电子、网联化与智能化技术为"三横"，构建关键零部件技术供给体系。规划指明了2025年新能源汽车新车销售量达到汽车新车销售总量的20%，到2030年，新能源汽车形成市场竞争优势，销量占当年汽车总销量的40%。下一步将重点推动电动化、网联化、智能化互融协同发展。

随着国家新能源汽车发展战略的进一步推广和深入，新能源汽车无疑将成为未来企业重要的发展方向。

（二）产业发展与管理问题分析

1. 补贴政策促进产业发展，同时带来市场扰动

补贴政策在为国内尚处于初级发展阶段的汽车企业带来了较大的助力，对产业发展起到了关键的推动作用，使得新能源汽车产业快速发展。但随着产业规模越来越大，长期补贴不可持续，并且作为一种非市场机制的外部介入性力量，新能源补贴政策也带来了一定的问题，这在前文已有分析论述，此处不再赘述。

2. 双积分政策初见效果，后续问题仍待解决

双积分政策规定，乘用车生产企业从2018年开始考核平均燃料消耗量积分，如不能抵偿平均燃料消耗量负积分，将遭到停产高油耗车型的处罚；2021—2023年新能源汽车积分比例要求分别为14%、16%、18%。如此，一方面相当于给传统燃油汽车上了"紧箍咒"，促进其燃油汽车节能技术进步；另一方面又促进新能源汽车市场发展，双管齐下推进我国汽车产业向电动化方向迈进。但是，结合行业调研情况，现有的双积分政策还存在以下几个问题。

（1）双积分政策偏重续驶里程，对电耗关注不足

现有的双积分政策对新能源的技术要求主要集中在续驶里程和电耗方面。其中，长续驶里程在当前阶段的主要技术解决手段是堆积动力蓄电池，而能量密度的提升空间有限。一些没有很强技术实力的企业，在该政策影响下出于片面考虑（如成本），追求能量密度，导致近些年新能源车辆事故增多，在市场上造成了不良影响，阻碍了新能源汽车的发展。其次，关于双积分政策中提及的单位质量电耗指标，对小质量段（电动汽车）的电耗尤其严格。由于新能源汽车的电效率已经很高，而小质量电动汽车受整备质量成本等因素影响，电耗提升空间不大，不利于节能技术推广使用。

（2）新能源汽车积分交易机制有待完善

1）NEV积分定价不透明，价格较低。在积分发布初期有机构预测，积分交易市场价格有"1000~6000元"，其他机构的调研显示，新能源正积分的买家可接受的价格在5000元左右。5000元左右的价格基本可以弥补新能源汽车高出同级别燃油汽车部分的成本。

但是，从2019年公示结果看，119家境内乘用车企当年总计生产汽车2000.85万辆，产生的平均耗量正积分607.43万，负积分457.08万；产生新能源汽车正积分383.09万，燃料消负积分80.69万，双积分依然供大于求。

与此同时，积分交易价格普遍较低，按照工信部官方平台交易价格，

平均为1700元左右。

多方面因素导致目前NEV积分收益远低于政策给予的补贴，不能有效承接补贴政策，且没有形成NEV积分交易机制。

2）新能源汽车积分缺乏流动性，不能充分体现新能源技术价值。

根据双积分政策规定，CAFC正积分可以本企业跨年结转，也可以向关联企业转让；NEV正积分只能自由交易，或抵偿CAFC负积分，但不能跨年结转，如图2-6-1所示。

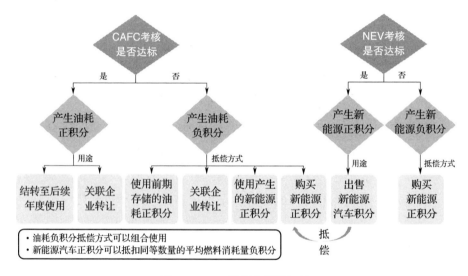

图2-6-1　双积分抵偿机制

可见，企业产生的双积分只能在关联企业（车企），或需求企业（其他车企）间流转，也就是说，双积分是汽车行业内整车企业间的企业行为，这可能导致，如果NEV正积分企业囤积居奇或不对外销售积分，则导致需要积分的企业无法购买积分，也没有其他途径平衡积分需求。其他行业无法参与积分交易，流动性受限，导致不能充分体现新能源汽车技术的社会效益，无法保障新能源汽车健康发展。

（3）充电基础设施政策体系日趋完善，政策落地仍待强化

随着新能源汽车市场的拓展，与之配套的充电桩的作用日益凸显。然而，充电桩的发展却不如想象中的那样乐观，有建设无维护、充电桩长期被占用、私桩安装困难等问题随着用户使用基数的增大越来越明显，急需

政府的引导、市场的规范。

从中央层面看，我国新能源汽车充电基础设施政策体系已渐趋完善，涵盖了规划、建设运营奖励补贴、充电电价电费、土地、设施互联互通等方面。部分地方政府相应出台了配套的实施细则。中央和地方政策的协同引导为我国充电基础设施产业发展营造了良好的政策环境。随着技术的发展和产业环境的变化，各地方政府还需要在政策执行力度上进一步加强，因地制宜，针对本地区新能源汽车保有量、发展规划和城市基础条件，制定操作性强的充电设施建设发展实施细则，在实践中积累经验，不断完善相关政策措施。

（三）产业发展与管理对策及建议

1. 税费改革

当前，我国对汽车产业除了征收增值税以外，还征收消费税、车辆购置税、车船使用税和车船使用牌照税等特有税种。其中，汽车消费税是1994年国家税制改革中新设置的一个税种，被列入《中华人民共和国消费税暂行条例》，根据气缸容量不同，汽车消费税税率为1%~40%，中轻型商用客车为5%。

汽车购置税2018年由《中华人民共和国车辆购置税法》确定了法律地位，主要用于交通运输重点项目专项资金。车辆购置税是指购买汽车时所要缴纳的税，其纳税人为应税车辆的单位和个人，税率为10%，目前对新能源汽车减免车辆购置税。

汽车缴纳税费明细见表2-6-1。

表2-6-1 汽车缴纳税费明细

项目		厂家缴纳税费（购车前）			消费者缴纳税费（购车后）	
	进口	关税	增值税	消费税	购置税	车船使用税
	国产	—				
税率/税费		25%（进口）	17%	1%~40%（分排量）	10%	60~5400元（分排量）

建议考虑研究延长减免车辆购置税政策；研究车辆购置税除用于交通运输项目外，还用于补贴或建设充换电基础设施，优化新能源汽车使用环境等。

2. 双积分市场化管理

双积分政策的制定，促进了国内新能源汽车产量规模提升，2018年双积分政策正式实施第一年，新能源汽车的销量突破了100万辆；2019年全年新能源汽车销量已经达到了120.6万辆。

总体来看，2019年的乘用车双积分情况仍处于供大于求局面，居于正积分首位的是比亚迪，负积分首位的是一汽－大众。

建议尽快细化积分交易机制，建立NEV积分调节机制，保持供需平衡建议构建积分池；稳定企业预期，避免过度干扰企业产品规划。

3. 完善产业规划支持政策

引导新能源汽车产业有序发展，推动建立全国统一市场，提高产业集中度和市场竞争力。要充分发挥市场在资源配置中的决定性作用，强化企业在技术路线选择等方面的主体地位，更好地发挥政府在政策指南、标准法规制定、质量安全监管等方面的作用。支持政策如下。

（1）进一步完善公共服务领域使用比例不低于80%的政策要求

从2021年起，国家生态文明试验区、大气污染防治重点区域新增或更新公交、出租、物流配送等公共领域车辆，新能源汽车比例不低于80%。

（2）进一步加大充电桩政策支持力度和配套政策

优先提倡快充，有利于提升用车效率和经济性，加速整个新能源汽车产业的发展，可推动出租车、网约车快速普及应用，快充模式仍是充电桩行业发展的主力方向。

提升充电基础设施服务水平。引导企业联合建立充电设施运营服务平台，实现互联互通、信息共享与统一结算。加强充电设备与配电系统安全监测预警等技术研发，规范无线充电设施电磁频谱使用，提高充电设施安全性、一致性、可靠性，提升服务保障水平。

鼓励商业模式创新。结合老旧小区改造、城市更新等工作，引导多方联合开展充电设施建设运营，支持居民区多车一桩、临近车位共享等合作模式发展。鼓励充电场站与商业地产相结合，建设停车充电一体化服务设施，提升公共场所充电服务能力，拓展增值服务。完善充电设施保险制度，降低企业运营和用户使用风险。

（3）加速攻克核心零部件短板

我国新能源汽车部分核心技术和零部件的供应链尚不完善，一些关键技术还没有完全掌握。因此，做强产品必须要做强基本链，同时满足应用场景的配套需求，例如快充桩、加氢站等，打造新能源汽车的良好产业发展环境。

（4）推动新能源汽车与能源融合发展

加强新能源汽车与电网（V2G）能量互动。加强高循环寿命动力蓄电池技术攻关，推动小功率直流化技术应用。鼓励地方开展 V2G 示范应用，统筹新能源汽车充放电、电力调度需求，综合运用峰谷电价、新能源汽车充电优惠等政策，实现新能源汽车与电网能量高效互动，降低新能源汽车用电成本，提高电网调峰调频、安全应急等响应能力。

促进新能源汽车与可再生能源高效协同。推动新能源汽车与气象、可再生能源电力预测预报系统信息共享与融合，统筹新能源汽车能源利用与风力发电、光伏发电协同调度，提升可再生能源应用比例。鼓励"光储充放"（分布式光伏发电—储能系统—充放电）多功能综合一体站建设。支持有条件的地区开展燃料电池汽车商业化示范运行。

4. 产能布局政策

鼓励主机厂与供应链企业战略协同，融合发展；鼓励产能整合，形成具有国际竞争力的企业集团；抑制地方政府招商引资的冲动，利用市场化手段淘汰落后产能。

（1）体现系统性

近年来，国家及各地方政策文件先后对新能源汽车及相关产业不同领域发展重点做出部署安排，全面系统地对新能源汽车产业集群进行布局，并提出产业链各个领域的发展目标和任务。

（2）强调集中性

新能源汽车产业本身是密集型产业，成长潜力大，同时也是需要国家政策扶持的产业。在技术进步加快、国家补贴政策退坡加速的形势下，新能源汽车产业由分散趋于集中，形成产业集群，并着眼于发挥现有产能，致力发展标准产业平台。

（3）目标任务清晰

从重点方向、区域布局、发展定位三个维度提出新能源汽车产业发展总体目标，从整体层面提出培育壮大新能源汽车产业集群的重点任务，推动形成国内领先、世界一流的新能源汽车产业集群。

5. 完善动力蓄电池回收利用体系政策

推动动力蓄电池全价值链发展，完善动力蓄电池回收、梯次利用和再生资源化的循环利用体系，鼓励共建共用回收渠道。建立健全动力蓄电池运输仓储、维修保养、安全检验、退役退出、回收利用等环节管理制度，加强全生命周期监管。

立足新能源汽车可持续发展，落实生产者责任延伸制度，加强新能源汽车动力蓄电池溯源管理平台建设，实现动力蓄电池全生命周期可追溯。支持动力蓄电池梯次产品在储能、备能、充换电等领域创新应用，加强余能检测、残值评估、重组利用、安全管理等技术研发。优化再生利用产业布局，推动报废动力蓄电池有价元素高效提取，促进产业资源化、高值化、绿色化发展。

6. 延续财政支持政策

汽车工业产业链长、关联度高、就业面广、消费拉动大，是国民经济的重要支柱产业之一。从国际经验和我国实践发展来看，新能源汽车产业受投入较高、风险较大、消费环境还不成熟等因素的制约，需要适当的一些政策支持，从产业发展需要来看确实有必要。这些政策支持包括以下方面。

1）尽快发布下一阶段新能源汽车财政支持政策，减少对传统燃油汽车的补贴，创造有利于新能源汽车发展的环境。

2）加强快充设施建设，鼓励支持新型充电设施及装备研发，将地方充电设施建设的情况作为下一步四部委考核重要内容，补足充电设施这一短板。

3）鼓励新能源汽车产业技术创新，加大对已经实施新能源汽车政策的主导力度，争取让更多产品投入市场。

4）加强考核指导，对近段时间的产业示范工作进行全面督察，加强各产业之间的交流。

二、新能源汽车产品安全问题对策研究

安全是事关新能源汽车产业持续健康发展的第一要务，是新能源汽车市场化的基础。新能源汽车安全与否，直接关系广大人民群众生命财产安全和公共安全，如果产品做不到安全可靠，则势必严重影响消费者信心，甚至会对整个产业发展带来毁灭性打击。没有安全，新能源汽车产业就没有未来。在2016年新能源汽车西安座谈会上，国务院有关领导就一针见血地指出，发展新能源汽车，电池是关键，充电是短板，安全是命门。

（一）新能源汽车产品安全现状与存在的问题

2019—2020年，国家监测平台监测新能源车辆着火事故共计328起，涉及车辆391辆，见表2-6-2。根据事故车辆信息和相关参考资料分析可知：2020年新能源汽车火灾事故率基本与2019年持平，虽然目前比例低于传统燃油汽车，但行业安全问题依然不可忽视。

表2-6-2 2019—2020年新能源汽车火灾事故统计

时间	新能源汽车				传统燃油汽车
	保有量	火灾起数	涉及车辆数	火灾事故率	火灾事故率
2019年	381万辆	171起	207辆	0.0054%	0.01%~0.02%
2020年1—11月	417万辆	157起	184辆	0.0044%	

根据车辆用途统计占比分析，乘用车占比最高，超过62%，见表2-6-3。

表2-6-3 2019年、2020年事故数据按照车辆用途统计占比情况

年份	车辆类别	事故数量及占比		车辆数量（包含引燃车辆）及占比	
2019年	乘用车	118	69.01%	139	67.15%
	专用车	40	23.39%	52	25.12%
	客车	13	7.60%	16	7.73%
	总计	171	100.00%	207	100.00%
2020年	乘用车	105	66.88%	115	62.50%
	专用车	39	24.84%	47	25.54%
	客车	11	7.01%	20	10.87%
	未知	2	1.27%	2	1.09%
	总计	157	100.00%	184	100.00%

根据出厂年份统计占比分析，2017—2019年生产车辆占比较高，合计超过60%，见表2-6-4和表2-6-5。

表2-6-4 2019年事故数据按照出厂年份统计占比情况

事故车出厂年份	事故数量及占比		车辆数量（包含引燃车辆）及占比	
2014	3	1.75%	3	1.45%
2015	8	4.68%	8	3.86%
2016	9	5.26%	9	4.35%
2017	50	29.24%	50	24.15%
2018	63	36.84%	63	30.43%
2019	13	7.60%	13	6.28%
年份未知	25	14.62%	61（包括36辆被引燃车辆）	29.47%
总计	171	100.00%	207	100.00%

表2-6-5 2020年事故数据根据出厂年份统计占比情况

事故车出厂年份	事故数量及占比		车辆数量（包含引燃车辆）及占比	
2014	1	0.64%	1	0.54%
2015	2	1.27%	2	1.09%
2016	10	6.37%	10	5.43%

（续）

事故车出厂年份	事故数量及占比		车辆数量（包含引燃车辆）及占比	
2017	35	22.29%	35	19.02%
2018	61	38.85%	61	33.15%
2019	33	21.02%	33	17.93%
2020	11	7.01%	11	5.98%
年份未知	4	2.55%	31（包括27辆被引燃车辆）	16.85%
总计	157	100.00%	184	100.00%

根据动力蓄电池种类统计占比情况，三元材料电池车辆火灾占比较高，超过84%，见表2-6-6和表2-6-7。

表2-6-6 2019年事故数据按照动力蓄电池种类统计占比情况

储能装置种类	事故数量及占比		车辆数量（包含引燃车辆）及占比	
三元材料电池	153	89.47%	153	73.91%
磷酸铁锂电池	13	7.60%	13	6.28%
未知	5	2.92%	41（包括36辆被引燃车辆）	19.81%
总计	171	100.00%	207	100.00%

表2-6-7 2020年事故数据按照动力蓄电池种类统计占比情况

储能装置种类	事故数量及占比		车辆数量（包含引燃车辆）及占比	
三元材料电池	132	84.08%	132	71.74%
磷酸铁锂电池	13	8.28%	13	7.07%
锰酸锂电池	3	1.91%	3	1.63%
未知	9	5.73%	36（包括27辆被引燃车辆）	19.57%
总计	157	100.00%	184	100.00%

根据车辆着火状态统计占比分析，充电、静置、行驶三种状态较为平均，见表2-4-1。

根据车辆动力方式统计占比分析，纯电动汽车事故率占比较高，超过89%，见表2-6-8。

表 2-6-8　2019 年、2020 年事故数据按照车辆动力方式统计占比情况

动力方式	2019 年事故数及占比		2020 年事故数及占比	
BEV	156	91.23%	140	89.17%
PHEV	10	5.85%	14	8.92%
未知	5	2.92%	3	1.91%
总计	171	100%	157	100%

新能源汽车起火事故主要由动力蓄电池引发，有学者曾对此表示："电池热失控是造成新能源汽车起火事故的主因之一，所以，产品的质量问题才是其根本原因，新能源汽车在设计、制造、验证、使用过程中没有严格遵守相关技术标准和规范。部分车企在和新能源补贴政策退坡进行赛跑，故留下了诸多安全隐患。"

远程监控是预防和预警新能源汽车起火事故的重要手段，企业必须对新能源汽车 100% 实施实时监控，企业是新能源汽车安全监管的直接责任人，部分企业在新能源汽车远程监控管理方面存在以下问题：

1）监管平台不统一，多个平台分散监管，数据不一致。

2）安全机制不健全，故障预警、事故处理和事故上报机制都不健全。

3）监管体系未落实到位，存在车辆监管不完全的问题，部分车辆脱离了企业监控系统的监管，部分企业未完全将车辆数据上报国家监管平台。

4）安全风险意识不足，对长时间异常离线的车辆，无有效的监管与问询的机制，形成了监控死角，导致无法及时发现警告信息及车辆隐患。

（二）新能源汽车产品安全问题原因分析

根据上述新能源汽车安全事故调查结果，起火事故主要由动力蓄电池引发，动力蓄电池从本质上来说存在热失控风险，这是一个世界范围内的科学难题，基于目前的动力蓄电池技术，人类尚无法彻底解决动力蓄电池热失控问题。作为企业来说，需要做的工作是尽可能从产品设计、制造、使用、预警等各方面降低事故发生概率，从而提高产品的安全性。

（1）内因

从内因来看，导致热失控的主要因素有电芯/模组、BMS、结构设计与加工质量等方面。

1）电芯/模组质量方面。电芯内部的杂质是触发电动汽车起火的最主要原因。现在电芯制造水平是 PPM 级，即百万个电芯故障率在 10 个以内。一辆车一般有 100 颗电芯，如果 PPM 是个位数，也就意味着，1 万辆车中有几辆车有热失控风险。随着新能源汽车销量提升，这样的总量仍然是很高的。目标是做到 PPB（10^{-9}）两位数，也就是故障率要再降低 100 倍左右。

2）BMS 方面。BMS 对电芯的测量、使用如果不够精确，就可能发生析锂、过充或温度失控问题。随着新能源汽车技术水平快速发展，对于 BMS 控制精度的要求一直在不断提升。

3）结构设计与加工质量。通过电池装配工艺控制（线束焊接工艺等），可更好地保证电池系统的安全和可靠运行；通过合理的热管理结构设计，可以确保即使单个电芯热失控，采取遏制电池系统内热蔓延速度的方法，也有很长的稳定时间以妥善处理。

（2）外因

从外因来看，导致热失控的主要因素有充电、行驶、运输存储三方面。

1）充电方面。很大比例的新能源汽车起火，是在快充站里发生的。来自快充桩的电流毛刺，尤其是高荷电状态（SOC）情况下，快充桩的电流直接进入电池，很可能造成快速析锂，甚至起火。现有充电网络快速发展，贴牌代工情况较多，充电桩质量不是很稳定。

2）行驶方面。车辆行驶过程中底部遭遇异物撞击侵入，可能直接造成电池短路。不能为了坐姿、空间等方面的性能过分降低电池离地高度，也不能为了能量密度而省略底部防护"装甲"。

3）运输存储方面。运输存储过程中，对于电池包的各种磕碰，可能产生内部变形等问题。这类隐患虽然不会立刻显现，但是可能今后会逐步体现出来。随着未来换电、车电分离等新增商业模式的推进，在运输和存储期间的比例会越来越高，电池的实时监测和追溯会变得非常重要。

（三）新能源汽车产品安全问题对策研究

安全是一种文化。新能源汽车产业的每一个环节都必须秉承安全第一的理念，用匠心做事、用品质践行，这样才能为消费者提供安全性更高的产品。

新能源汽车产品安全管理是一个体系，需要电芯/模组、充电桩、整车等生产企业和政府相关部门多方协同合作，产业链安全管理体系必须不断升级至更深层次、更广范围，更精细化，才能确保最终产品安全性。

1）电芯/模组制造商方面，应进一步提升电芯工艺水平，完成电芯故障率从 PPM 级降低到 PPB 级的进步，是控制新能源汽车热失控风险的重中之重。模组制造和 Busbar 焊接质量等"基本功"，都要进一步提升。

2）充电桩制造商方面，首先应提升快充桩输出电流的质量，显著降低电流毛刺的发生率和峰值；其次应提升对 BMS 的响应速度，随着今后充电功率进一步增大，电流变化范围会很大。BMS 对于充电电流的需求可能会快速变化，充电桩要能够实现对于 BMS 需求的快速响应。

3）整车厂方面，需要在以下方面开展深入研究，确保整车安全。

①电池包开发安全。整车企业要对电池包开发提出明确的安全指标。要建立一套包括电芯、模组、整包的安全性评估体系。通过一系列的试验，我们可以评估一款电芯、模组和整包的安全特性，判断其是否满足整车的安全性要求。

②全方位多维度的仿真。要注重仿真技术，从机械、电化学、产热等维度，对电芯、模组、整包、整车进行建模仿真，指导产品的设计。仿真技术同样可以用于热失控仿真以及蔓延抑制仿真，评估热失控发生时的危险性，优化设计，争取逃生时间。

③安全关键技术的开发，保证与安全相关的策略和功能 100% 正确执行。对于关键功能，例如电芯过充、电芯过温、继电器控制等，按照功能

安全等级 ASIL C 或 ASIL D 要求设计，并要进行专项测试、硬件在环测试以及真实故障模拟，以保证相关功能正常。

④整车布置中优先考虑电池的安全性。针对一些常见的冲击工况，在电池或整车上设计相应的保护措施；确保在机械冲击工况中电芯不会出现穿刺、变形。在开发阶段，要加强从物理层面增加底部撞击防护和侧柱碰的标准。在底部撞击方面，应进行穿刺、球击、过坎等多种模拟恶劣工况的试验；针对所有 EV 车型进行 360°柱碰仿真，叠加 E－NCAP 欧洲侧柱碰法规，进行实车测试。

⑤BMS 监控与大数据监控的手段，在先行企业摸索成熟后，建议上升为国家标准。

⑥侧柱碰法规标准现在各车企仍沿用国外方案，结合国内交通实际情况，对于新能源汽车，尤其是纯电动汽车，有针对性地推出相应的柱碰法规。

⑦通过梳理积累的远程大数据，学习电池热失控发生前的征兆，并形成针对热失控风险的预警。

随着车辆寿命变长，应低成本长期进行安全风险监控，提前召回问题车辆并进行必要的电芯维修，有效减少起火事故。

国家应完善新能源动力蓄电池安全方面的政策、法规、标准、指标等；制定新能源汽车安全管控规范，指导企业实施。安全方面的政策、法规、指标要科学、可行、持续；安全指标要科学、可行、持续，明确安全故障率指标。例如现在针对热失控的法规，目前规定明火蔓延到电池包外的时间应大于 5min，随着技术水平的提升，该时间作为国标要求应逐步延长。

三、新能源汽车市场化产业链成本综合分析和对策研究

（一）新能源汽车市场化产业链成本现状

新能源汽车产业链主要包括上游原材料，中游电池、电机、电控，以及下游整车三个环节，如图 2－6－2 所示。

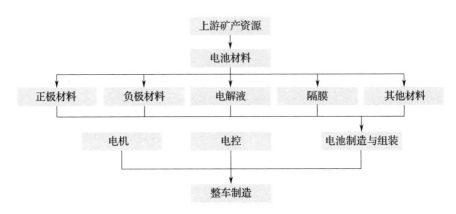

图 2-6-2 新能源汽车产业链

1. 上游原材料

镍：广泛应用于各种产品，当前镍的主要需求市场为优质钢的生产，新能源汽车的需求占比较小。随着电池容量需求的上涨和高镍电池的发展趋向，镍的需求和价格将会不可避免地受到影响。但鉴于其广泛的产业链纵深地带，相较于其他材料，镍价格对新能源汽车的影响较为有限。值得警惕的是，印度尼西亚作为世界第一大镍生产和出口国，最近几年，为了发展本国工业，开始限制镍矿出口，甚至将出口禁令提前至 2020 年 1 月实施。

锂：当前新能源汽车的发展趋势和电池技术评估表明，未来锂的需求量将会快速增大。然而令人尴尬的是，我国有世界第二的锂资源储量，却因提锂技术和资源品质较差，以及基础设施不足等原因，严重依赖进口。

钴：小品种矿产，主要作为镍和铜的副产品开发，资源和市场有限，全球钴矿储量仅有 717 万 t，且集中分布在刚果（金）、澳大利亚、古巴等国。复盘 2005 年至今钴的价格，历史上出现的三次大幅价格上涨（2006—2007 年、2007—2008 年、2017 年），前两次均是受政治因素影响[刚果（金）政府限制出口，美国国防后勤局停止出售钴库存]。与此同时，因新能源汽车增长而导致钴的需求大幅上升，出现了市场相关利益方的囤积和投机交易现象。

2. 中游三电系统

动力蓄电池：包括正极、负极、隔膜及电解液四大部分。其中，正极材料最为重要，在动力蓄电池成本构成中，占比高达30%~40%。负极材料以石墨为主，生产技术壁垒较低，成本占比为5%~15%。隔膜环节技术壁垒与成本均较高，难点在于微孔结构成型技术与基底材料，目前成本占比约为20%。电解液以六氟磷酸锂为主，成本占比10%左右。现阶段，我国动力蓄电池四大材料均已实现自给，得益于丰富的锂资源、石墨资源，四大材料产能不断向国内集中，随着规模的增大和技术的成熟，成本得以快速下降，2014年动力蓄电池价格高于3元/W·h，2020年已经降至0.8~1元/W·h左右，6年下降了70%。但是，要实现与燃油汽车的购买价格持平，动力蓄电池仍需要30%~40%的降本幅度。

电机电控：永磁电机是目前新能源汽车主要的应用方向，从产业链结构来看，永磁体（钕铁硼）是其主要材料。从成本构成来看，永磁同步电机成本主要由永磁体（钕铁硼）、硅钢片和制造费用构成，我国是电机生产大国，且具有较多的稀土矿产分布，因此在电机成本上有一定优势。但我国在电控领域的自主化程度还有待提高，部分核心部件，如IGBT仍不具备完全自主生产能力，IGBT占电控成本的40%以上，占新能源整车成本的近5%，但其进口比例高达90%，如图2-6-3所示。

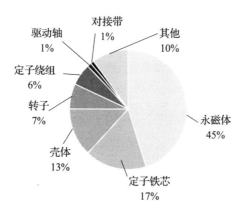

图2-6-3　电机成本构成

3. 下游整车

新能源汽车相比传统燃油汽车的核心差别在动力总成和驱动形式。相比传统燃油汽车，纯电动汽车主要增加了电源系统和驱动电机系统，取消了发动机，并对传动机构进行了调整，能量传导的途径为：动力蓄电池输出电能，通过电机控制器控制电机运转产生动力，再通过减速机构将动力传输到车轮，驱动车辆运行。插电式混合动力汽车兼具发动机和电机，根据工况、连接形式的差异，可以由发动机、电机或两者同时驱动车辆运行。

从成本结构来看，新能源汽车的动力蓄电池、电机、电控成本高于传统燃油汽车的发动机、变速器。新能源汽车动力总成物料成本的占比高达50%左右，其中，动力蓄电池占三电系统的76%左右，占总成本38%，如图2-6-4所示。

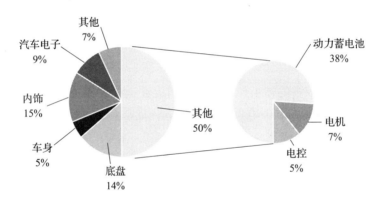

图2-6-4 纯电动汽车BOM成本结构拆分

另外，新能源汽车的热管理系统需要同时协调动力蓄电池、电机和座舱的温度，空调制热功能也无发动机废热可以利用，系统更为复杂，成本也更高；另外，由于新能源汽车的电气化水平提升，线束、插接器等应用增加，导致汽车电子系统成本较传统燃油汽车明显增加。

（二）新能源汽车市场化产业链成本存在的问题

1. 研发成本投入大，单车型销量低，单车研发成本分摊较高

新能源汽车属于新兴产业，动力蓄电池、电机、电控三大件等核心技

术都属于新兴领域，尚未找到最佳实践。因此，新能源汽车的研发、试验验证成本投入巨大。2020年，我国新能源汽车市场销量为136.7万辆，渗透率仅为5.4%左右。与燃油汽车相比，当下的新能源汽车市场仍处于很小的量级，相应的，新能源产品单车型销量也普遍较低，绝大部分产品无法形成规模效应，研发成本分摊较高。

2. 核心技术未取得突破，动力蓄电池成本占比过大

作为车辆核心零部件的传统燃油汽车发动机，占据整车成本的15%左右，而新能源汽车的动力蓄电池却占据了整车成本的40%。在配置、材料等相同的情况下，新能源车型，尤其是纯电动车型的造车成本要比燃油汽车高很多。

3. 关键上游原材料稀缺，主要依赖进口，价格波动极大，严重影响成本

上游原材料中，钴价格最高，是影响三元电池材料成本最主要的因素。短期来看，由于钴的不可替代性，钴价的波动仍较为频繁，钴金属的供应和价格稳定仍面临着较大挑战。

4. IGBT、激光雷达等关键核心部件受制于人

国内新能源汽车用IGBT模块市场一直被外企垄断，以英飞凌为主，包括富士电机、三菱、东芝等外企占据了近7成的市场份额，进口依赖程度较高。国内的中车、比亚迪虽已实现突破，但产品性能、质量较英飞凌等供应商仍有差距，国内应用的主机厂较少。激光雷达是自动驾驶汽车的必备组件，决定着自动驾驶产业的进化水平。目前能上路的自动驾驶汽车中，其激光雷达基本使用的都是美国Velodyne的产品，该激光雷达产品占8成以上市场份额。

（三）降低新能源汽车市场化产业链成本对策分析

1. 新能源支持政策进一步向中端紧凑型车型倾斜

根据当前新能源汽车的市场化发展情况，由于低端新能源汽车用户对续驶里程需求较小，动力蓄电池容量大幅缩小，已实现了与燃油汽车的购

买成本持平;而高端新能源汽车售价较高,足以消化上升的动力系统成本,也基本实现了对燃油汽车的购买持平;而中端新能源汽车,目前市场售价仍较同级别燃油汽车高40%~50%。因此,新能源汽车市场化的核心就在于聚焦解决中端新能源汽车的购买成本问题。建议财政补贴、研发补贴等支持政策进一步向中端紧凑型车型倾斜,加大该领域产品和技术的攻关。

2. 加大力度推动新能源汽车下乡和公共领域汽车电动化政策

在成本已有一定优势的细分市场(低端市场和运营市场),制定相应引导政策,加大新能源汽车下乡鼓励力度,推动微型新能源汽车替代低速电动汽车升级。鼓励各地方政府制订公共领域车辆全面电动化计划,明确时间节奏,将公共领域电动化渗透率纳入国家生态环保卫生城市评比标准。不断扩大低端和运营市场规模,提升规模效应,以量变促质变,降低新能源汽车产业链成本。

3. 统一部署,优化布局,解决上游原材料稀缺问题

1)加强统一规划和战略指导,优化锂产业布局。推动相关企业兼并重组,优化资源配置,淘汰落后工艺,促进高性能锂电池技术研发,加快锂资源丰富地区基础设施建设。

2)针对钴金属稀缺问题,政府应支持国内企业在全球钴资源的开发投入,出台激励政策鼓励整车企业、电池厂家收购或投资主要的原材料矿场,并不断加大钴金属的收储力度。

3)尽快建立动力蓄电池回收体系和准入机制,支持技术设备先进、综合实力强的企业介入,加强对镍、锂和钴的回收利用。

4. 统一部署,优化布局,解决上游原材料稀缺问题

推动关键部件(车用IGBT、激光雷达、MOSFET、芯片、薄膜电容等)国产化替代,建立国家专项基金,支持国内新能源汽车零部件供应商自主研发,推动企业与科研单位产、学、研协同发展,增强对关键进口零件自主研发扶持力度。开展动力蓄电池核心技术攻关工程,加快新体系电池技术及工艺(无钴电池、CTP、CTV)研发及产业化进度。

5. 成立新能源汽车产业联盟，加强协作，协同采购

当前阶段，我国从事新能源汽车生产的市场主体过于分散，没能形成龙头企业，很难参与国际竞争。应鼓励加强新能源汽车领域国际合作，推动产业联盟发展，通过商务协作，协同采购零部件，以更优惠的价格采购关键及二级零部件。

6. 创新商业模式，构建动力蓄电池全生命周期体系

鼓励开展车电分离模式应用，加强动力蓄电池梯次利用管理，鼓励梯次利用企业与新能源汽车生产等企业合作共建，鼓励新能源汽车与电网能量互动，构建动力蓄电池全生命周期经济体系，提升动力蓄电池剩余价值，降低前端使用成本。

整体来看，为降低新能源汽车供应链成本，需要多方共同协作，政府政策支持与财政扶持，引导新能源汽车相关企业不断自主创新，催生新模式、新业态，以实现产业链上下游的协同可持续发展。

四、新能源汽车市场化发展产品使用与服务对策研究

（一）新能源汽车市场化发展产品加速改变出行方式

麦肯锡出行需求调研显示，我国用户中主要依靠共享出行（但是也会继续使用私家车）的比例高达81%，几乎是美国和德国的两倍。随着主要城市的停车难和燃油费越来越高昂，越来越多的城市人群选择移动出行服务而非自驾。以曹操出行为例，作为国内首个由车企转型投资、专注新能源智慧出行服务的"互联网+企业"，它是交通运输部首批批准的网约车企业。截至2020年11月，曹操出行已取得全国89个城市网约车经营许可证，已在北、上、广、深、杭等55个城市上线，注册用户超过4300万，累计投放运营汽车超过5万辆，其中新能源汽车占总运营汽车量的97%以上。经过5年多时间的发展，曹操出行已成为我国第一大B2C网约车企业。

可以预见，未来汽车价值链将不仅仅包含新车购买者，还将采用共享拥有和按需使用模式，涵盖并整合所有出行用户。以结果为导向的出行服

务将使未来人员流动更具个性化,更简单灵活。

围绕出行数字化,新能源网约车平台将不局限于点对点的出行服务,应该重点寻求在大出行领域的前瞻性布局,通过交通科技创新技术,形成独有的天地一体化立体交通体系,推进"人、车、生活"的智能化与网联化,加强智能网联汽车(智能汽车、自动驾驶、车路协同)研发,形成自主可控的完整产业链,成为高效一流的新能源汽车共享出行服务企业。具体体现在以下三方面。

1)新能源汽车共享出行服务,加速自动驾驶技术研发。随着新能源网约车平台持续加大对车联网、自动驾驶等技术的探索,强化前沿关键科技研发,瞄准新一代信息技术、人工智能技术、智能制造技术、新材料技术、新能源技术等将成为新能源出行平台打造未来差异化服务的重点。

当主流车企都向出行服务转型之时,一些有前瞻性的出行公司也已经在向自动驾驶领域"亮剑"。2020年8月,曹操出行自动驾驶车辆首次公开亮相;10月,东风公司发布三大产品技术,启动自动驾驶领航项目;11月,如祺出行携手广汽埃安推出L4自动驾驶汽车。

不一而论,我们认为,自动驾驶的产业化将超过大多数人的预期,很快将与大众见面。预计,2021年新能源网约车头部平台将面向公众提供自动驾驶试乘服务。对于整个行业来说,成熟的自动驾驶技术率先在网约车行业使用,将大大有利于自动驾驶技术的普及。

2)新能源汽车共享出行服务,推动换电车型应用。随着新能源出行平台换电网约车时代的到来,对于靠司机成单量来提升营收的出行市场,换电项目非常适合在运营车辆,如出租车、网约车上推广。平时需要充电 $1 \sim 2h$,现在几分钟甚至不到 $80s$ 就可以换电池。如此一来,不仅实现了网约车技术上的革新,还极大提高了运营效率,可以释放出更大的出行潜力。

我们认为,电动汽车换电模式将在未来成为城市基础设施布局完善、立体互联的重要组成部分,科学规划建设城市停车设施,加强充电、换电、加氢、加气和公交站点等设施建设,也应纳入"十四五"综合交通运输规划中。只有全面提升城市交通基础设施的智能化水平,才能够保障运营商顺利开展绿色出行经营活动,并进一步倡导绿色低碳的出行理念。

3)新能源汽车共享出行服务,加快创新应用"巡游+网约"两车融合发展模式推广。鼓励巡游车企业转型提供网约车服务,鼓励巡游车通过电信、互联网等电召服务方式提供运营服务。全国200余个省市也先后颁布了出租车行业改革相关细则,且均明确鼓励巡游车通过电信、互联网等方式提供运营服务。

我们认为,出租车和网约车的未来是两车融合的发展模式。2019年3月29日,在地方政府的大力支持下,曹操出行国内首创的"巡游+网约"两车融合模式在广东汕头上线试运营。

两车融合的本质是巡游出租车的网约化,不是网约车的出租车化。曹操出行实践的两车融合模式正在为打造一个全新的出租车行业进行探索。

(二) 关于新能源汽车市场化发展产品使用与服务的结论

1. 新能源网约车平台将成为最有发展前景的模式之一

根据新能源汽车产业发展规划,2021年起,国家生态文明试验区、大气污染防治重点区域的公共领域新增或更新公交、出租、物流配送等车辆中新能源汽车比例不低于80%。

在此背景下,网约车将是新能源汽车极具想象力的应用市场,新能源网约车平台将成为最有发展前景的模式之一,其背后的服务对策研究也将成为相关企业掌舵人必备的基本功。

2. 大数据潜能将得到充分释放

新能源网约车平台在使用新能源汽车时,一方面能通过专车司机在与用户接触的过程中发挥正面的宣传作用;另一方面,更重要的是,在平台出行服务运营或车辆维修过程中,能收集大量的实际运行数据。

例如,当车辆本身出现问题时,司机需统一到指定签约4S店维修,而4S店收集的维修数据会进一步反馈至汽车集团,为之后的研发提供数据支持。用户和司机的反馈也能进一步反哺汽车研发。例如,有曹操出行司机建议将出行服务专车的主驾驶和副驾驶座椅进行调换,因为司机座椅属电动调节,副驾驶座椅则是手动的。这是由于传统制造商秉持为私家车主服务的思维，即抓住用户追求配置高且价格低的产品的消费心理，将副驾驶座椅变成手动调节以节省成本。

然而，在出行服务市场，司机是固定的，而用户需求则有差异，因此将副驾驶座椅设置成电动调节更便捷，更能提高用户满意度。因此，对汽车厂商而言，参与出行服务市场，才能真切了解用户需求，为下一步完善汽车或开发新车提供方向，而不是只做其他出行服务平台的供应商。

同时，整车企业通过在出行领域积累的大量运营数据和海量信息，为企业未来的自动驾驶技术开发提供清晰的数据信息支撑，为智慧交通提供数据和落地场景。

此外，我们也观察到：新能源汽车使用权服务是大出行时代的核心竞争力，决定着技术创新、共享出行的发展基础；新能源汽车使用权服务的主力军是4S店渠道，将会使4S店放大服务能力的优质资源效应，提升营利性；新能源汽车使用权服务的核心基础是用户运营和资产运营，资产运营不是一次性交易。在这广阔的市场蓝海之下，需要相关平台有更多的思考和创新。

（三）完善新能源网约车产品使用与服务对策的建议

党的十九届五中全会指出，按照智能、平安、绿色、共享的建设要求，加速新业态新模式发展，以达到便捷舒适、经济高效的发展目标。结合网约车的实践，提出如下建议。

1. 建议建立网约车服务企业的准入和退出机制

（1）落实平台主体责任，确保网约车经营全面合规

严格实行《网络预约出租汽车经营许可证》《网络预约出租汽车驾驶员证》《网络预约出租汽车运输证》三证，同时优化车辆和司机相关许可证申办效率，实现平台运营车辆及司机全面合法合规，加速清退不合规运力。加强聚合平台对接入网约车平台公司经营资质的审核把关工作。严格禁止聚合平台接入未取得相关经营许可及非营运性质的车辆。

（2）建议科学制定网约车车辆标准

目前，在网约车的车型标准上，各地网约车政策对车辆准入的要求规

定（轴距、车价、排量、车龄、续驶里程）参差不齐，有必要实施统一的国家标准。

（3）公共出行领域加快新能源化

根据新能源汽车产业发展规划，自 2021 年起，国家生态文明试验区、大气污染防治重点区域的公共领域新增或更新公交、出租、物流配送等车辆中新能源汽车比例不低于 80%。建议各地进一步加快公共领域新增或更新新能源汽车的步伐。

（4）建议加强网约车数量管控

目前存在部分城市一方面严格限制巡游车数量，另一方面任由网约车大规模增长现象。鉴于现行网络预约出租车已基本参照出租车进行管理，在法律法规明确的前提下，建议网约车数量也参照出租车进行管理，对部分网约车数量过快增长的城市实施总量调控。

（5）建议加强网约车执法力度

目前，网约车行业仍存在相当部分的不合规车辆，并存在大量非营运车接入网约车平台的情况。这种情况，必然导致司乘双方的权益都无法得到保障。为支持网约车发展、净化网约车市场、规范网约车服务，进一步推动网约车行业依法合规的发展进程，建议进一步加强网约车执法力度。

2. 进一步推动两车融合发展

国务院办公厅《关于深化改革推进出租汽车行业健康发展的指导意见》指出："鼓励巡游车经营者、网络预约出租汽车经营者通过兼并、重组、吸收入股等方式，按照现代企业制度实行公司化经营，实现新老业态融合发展。"融合发展不仅能够实现巡游出租车与网约车共生共赢的格局，也是对城市公共交通供给侧的一次改革升级。建议政府与企业秉持"包容审慎"的态度，在合规的范围内勇于创新，制定两车融合的运营标准，包括车辆配置以及车载软硬件一体化标准等，推动网约车与巡游出租车融合发展。

3. 关于平台经济领域反垄断指南的加快实施

2020 年 11 月，国家市场监管总局发布《关于平台经济领域的反垄断指南（征求意见稿)》，对于互联网平台在协调组织资源配置过程中可能出现的横向垄断协议、纵向垄断协议、滥用市场支配地位、不公平价格及差别待遇等各种垄断行为做出具体界定，并明确了判定标准。征求意见稿特别提到："平台经济领域横向垄断协议通常具有严重排除、限制竞争的效果。"

建议以此为依据，通过修订法规等方式，鼓励并维护出行行业整体的开放性，从制度层面对出行行业中平台可能存在的各类垄断行为进行监管，并依据相关法规做出处罚。

4. 建议加大对新能源网约车车型财政补贴

2020年4月，财政部、工信部、科技部、国家发展改革委联合发布《关于完善新能源汽车推广应用财政补贴政策的通知》，明确新能源汽车推广应用财政补贴政策实施期限延长至2022年底。其中特别明确，为加快公共交通等领域汽车电动化，城市公交、道路客运、出租（含网约车）、环卫、城市物流配送、邮政快递、民航机场以及党政机关公务领域符合要求的车辆，2020年补贴标准不退坡，2021年、2022年补贴标准分别在上一年基础上退坡10%、20%。

建议根据此政策，一方面保持对新能源网约车车型的财政补贴，加大对研发特定新能源网约车车型的平台补贴力度；另一方面，新增对新能源公共配套充、换电设施的建设及使用补贴。

对于未来出行市场用户的需求点，我们认为，网约车发展初期行业存在着各种价格战、补贴战，用户主要是基于价格来进行选择。但是随着网约车行业逐渐发展成熟，用户开始逐步转向服务方面的考量，尤其是在新冠肺炎疫情暴发后，健康安全将成为未来出行行业大的发展方向与转型方向，未来两三年内大家都会更注重出行过程中的健康与安全。

附 录

附录 A
我国现行的新能源汽车政策体系

项目	主要政策	核心要点
产业推进	乘用车企业平均燃料消耗量与新能源汽车积分并行管理办法	对企业生产燃油汽车和新能源汽车进行积分管理。企业平均油耗必须在相应年度积分为正或零,如果为负,则需要购置新能源积分补偿或者关联企业转让油耗正积分。2019—2020年新能源汽车要进行积分考核,企业积分比例不低于10%和12%,如果不达标,则需要通过购置新能源汽车积分达标。纯电动汽车积分2~5分/辆,低能耗车型有1.2倍积分奖励;插电式混合动力汽车积分2分/辆
	关于修改《乘用车企业平均燃料消耗量与新能源汽车积分并行管理办法》的决定	2019—2023年的新能源汽车积分比例要求每年提升2%,其中2019年为10%。低油耗乘用车的生产量或进口量分别按照其数量的0.5倍、0.3倍、0.2倍计算。2020年及以后的新能源汽车正积分,每结转一次,结转比例为50%
	新能源汽车产业发展规划(2021—2035年)	至2035年,国内公共领域用车将实现全面电动化,燃料电池汽车可实现商业化应用。至2025年,新能源汽车新车销量占比达25%左右,智能网联汽车新车销量占比达30%,实现纯电动乘用车新车平均电耗降至12.0kW·h/100km,插电式混合动力(含增程式)乘用车新车平均油耗降至2.0L/100km
购置补贴	关于完善新能源汽车推广应用财政补贴政策的通知	原则上,2020—2022年补贴标准分别在上一年基础上退坡10%、20%、30%。公共交通等领域符合要求的车辆,2020年补贴标准不退坡,2021—2022年补贴标准分别在上一年基础上退坡10%、20%。原则上,每年补贴规模上限约200万辆。新能源乘用车补贴前售价须在30万元以下(含30万元),换电车型不受此规定限制

（续）

项目	主要政策	核心要点
税费减免	关于新能源汽车免征车辆购置税有关政策的公告	自2021年1月1日至2022年12月31日，对购置的新能源汽车免征车辆购置税。免征车辆购置税的新能源汽车是指纯电动汽车、插电式混合动力（含增程式）汽车、燃料电池汽车。免征车辆购置税的新能源汽车，通过工信部、税务总局发布的《免征车辆购置税的新能源汽车车型目录》实施管理
	关于节能新能源车船享受车船税优惠政策的通知（财税〔2018〕74号）	免征车船税的新能源汽车是指纯电动商用车、插电式混合动力（含增程式）汽车、燃料电池商用车。纯电动乘用车和燃料电池乘用车不属于车船税征税范围，对其不征车船税
通行优惠	北京、上海、深圳、天津、杭州、广州、海南	除北京有纯电动汽车单独牌照外，其他6个城市或区域新能源汽车不限制上牌、不限行，另有15个二、三线城市新能源汽车不限行
充电支持	绿色出行行动计划（2019—2022年）	重点推进城市公交枢纽、停车场、首末站充电设施设备的规划与建设。加大对充电基础设施的补贴力度，将新能源汽车购置补贴资金逐步转向充电基础设施建设及运营环节。推广落实充电优惠政策
使用补贴	上海、深圳、广州、海南等	上海对符合申领条件的消费者，给予每人5000元充电补助、深圳对新购纯电动乘用车补贴2万元/辆，新购插电式混合动力高级型乘用车补贴1万元/辆。海南和广州对购置新能源车提供1万元/辆综合性补贴

附录 B
我国动力蓄电池回收利用产业相关重点政策

序号	发布时间	发布部门	政策名称
1	2016年1月	国家发展改革委、工信部、环保部、商务部、质检总局	电动汽车动力蓄电池回收利用技术政策（2015年版）
2	2017年1月	国务院办公厅	生产者责任延伸制度推行方案
3	2017年1月	工信部	新能源汽车生产企业及产品准入管理规定
4	2018年2月	中机车辆技术服务中心	关于开通汽车动力蓄电池编码备案系统的通知
5	2018年2月	工信部、科技部、环保部、交通运输部、商务部、质检总局、国家能源局	新能源汽车动力蓄电池回收利用管理暂行办法
6	2018年7月	工信部、科技部、生态环境部、交通运输部、商务部、市场监管总局、国家能源局	关于组织开展新能源汽车动力蓄电池回收利用试点工作的通知
7	2018年7月	工信部	新能源汽车动力蓄电池回收利用溯源管理暂行规定
8	2018年7月	工信部、科技部、生态环境部、交通运输部、商务部、市场监管总局、国家能源局	七部门关于做好新能源汽车动力蓄电池回收利用试点工作的通知
9	2018年9月	工信部	第一批符合《新能源汽车废旧动力蓄电池综合利用行业规范条件》企业名单
10	2019年10月	工信部	新能源汽车动力蓄电池回收服务网点建设和运营指南

（续）

序号	发布时间	发布部门	政策名称
11	2019年12月	工信部	关于进一步做好新能源汽车动力蓄电池回收利用溯源管理工作的通知
12	2019年12月	工信部	新能源汽车废旧动力蓄电池综合利用行业规范条件（2019年本）；新能源汽车废旧动力蓄电池综合利用行业规范公告管理暂行办法（2019年本）
13	2020年7月	工信部、国家发展改革委、公安部、生态环境部、交通运输部、商务部、市场监管总局	报废机动车回收管理办法实施细则
14	2020年10月	工信部	新能源汽车动力蓄电池梯次利用管理办法（征求意见稿）
15	2020年12月	工信部	第二批符合《新能源汽车废旧动力蓄电池综合利用行业规范条件》企业名单